和谐校园文化建设读本

做学生的朋友

盛咏梅/编著

吉林教育出版社

图书在版编目(CIP)数据

做学生的朋友 / 盛咏梅编著. — 长春：吉林教育
出版社，2012.6（2022.10重印）
（和谐校园文化建设读本）
ISBN 978 - 7 - 5383 - 9013 - 1

Ⅰ. ①做… Ⅱ. ①盛… Ⅲ. ①中小学－师生关系
Ⅳ. ①G635.6

中国版本图书馆 CIP 数据核字（2012）第 116310 号

做学生的朋友
ZUO XUESHENG DE PENGYOU

盛咏梅　编著

策划编辑	刘　军　　潘宏竹		
责任编辑	刘桂琴	**装帧设计**	王洪义
出版	吉林教育出版社（长春市同志街 1991 号　邮编 130021）		
发行	吉林教育出版社		
印刷	北京一鑫印务有限责任公司		
开本	710 毫米×1000 毫米　1/16　　**印张**　11　　**字数**　140千字		
版次	2012 年 6 月第 1 版　　**印次**　2022 年 10 月第 3 次印刷		
书号	ISBN 978 - 7 - 5383 - 9013 - 1		
定价	39.80 元		

编 委 会

总 序

千秋基业，教育为本；源浚流畅，本固枝荣。

什么是校园文化？所谓"文化"是人类所创造的精神财富的总和，如文学、艺术、教育、科学等。而"校园文化"是人类所创造的一切精神财富在校园中的集中体现。"和谐校园文化建设"，贵在和谐，重在建设。

建设和谐的校园文化，就是要改变僵化死板的教学模式，要引导学生走出教室，走进自然，了解社会，感悟人生，逐步读懂人生、自然、社会这三本大书。

深化教育改革，加快教育发展，构建和谐校园文化，"路漫漫其修远兮"，奋斗正未有穷期。和谐校园文化建设的研究课题重大，意义重要，内涵丰富，是教育工作的一个永恒主题。和谐校园文化建设的实施方向正确，重点突出，是教育思想的根本转变和教育运行机制的全面更新。

我们出版的这套《和谐校园文化建设读本》，既有理论上的阐释，又有实践中的总结；既有学科领域的有益探索，又有教学管理方面的经验提炼；既有声情并茂的童年感悟；又有惟妙惟肖的机智幽默；既有古代哲人的至理名言，又有现代大师的谆谆教诲；既有自然科学各个领域的有趣知识；又有社会科学各个方面的启迪与感悟。笔触所及，涵盖了家庭教育、学校教育和社会教育的各个侧面以及教育教学工作的各个环节，全书立意深邃，观念新异，内容翔实，切合实际。

我们深信：广大中小学师生经过不平凡的奋斗历程，必将沐浴着时代的春风，吸吮着改革的甘露，认真地总结过去，正确地审视现在，科学地规划未来，以崭新的姿态向和谐校园文化建设的更高目标迈进。

让和谐校园文化之花灿然怒放！

本书编委会

目 录

第一章　师生关系的类型

老师要想与学生成为好朋友,就必须了解和学生之间的关系。一般来说,师生间存在工作、人际、组织、认知、情感等关系。师生关系的类型也可分为:紧张型师生关系、冷漠型师生关系、庸俗型师生关系以及和谐型师生关系。老师与学生建立和谐型师生关系,是成为学生朋友的前提条件。

紧张型师生关系

紧张型师生关系表现为教师以自我为中心，对学生的教育主要依靠强制手段，方式、方法简单粗暴，动辄批评或训斥；学生对教师也心怀不满，行为多抗拒或不合作；师生情绪长期对立，关系紧张，致使教学气氛沉闷压抑，学生厌学。可想而知，在这种紧张关系中，老师是不可能成为学生的朋友的。

师生间的紧张关系多集中表现在课堂上。在讲课过程中，教师在执行"传教"的任务，因此十分关心自己的学生是否在集中精神听讲。如果此时学生按照教师所期望的那样积极回答问题、认真做课堂笔记，同教师形成课堂互动，那么师生间的关系是趋于平和的。反之，学生一旦被发现在课堂中开小差、违反课堂纪律或者不能对教师提出的问题给予积极的回答，那么教师就会对学生的表现有所不满，批评或者是惩罚。这个时候，师生间的关系就一下子变得紧张起来，一般的会导致彼此情绪上的短暂对立，影响课堂效果，而严重的则可能因为冲突激烈致使师生间不仅情绪上相互反感和对立，甚至会上升到教学行为中也处处保持着对抗或者干脆正面冲突。当这种紧张关系发展到一定程度时，还可能会引发一种新的紧张关系，即教师与家长间关系紧张。当家长听到自己的孩子在学校中同老师冲突，必然会想要了解情况，然后来到学校跟教师沟通，一旦沟通不顺利，教师与家长之间的矛盾冲突又产生了，这将十分不利于师生关系的和谐。

下面是一则生动的案例：

下课铃响过，老师宣布下课。林丽同好友梅梅一起出了教室向食堂走去。一路上，梅梅嘟着嘴一言不发，满脸不高兴的样子。于是林丽便主动关心朋友，问："怎么了？梅梅？""没事。"梅梅低着头回答。见好朋友不太想说，林丽也不好再问，便默默地陪着向食堂走去。

打完饭,两人坐下来吃。这时,梅梅好像终于忍不住了,开始发牢骚:"你看今天上课的时候,齐老师那副样子真气人!"

"啊?她怎么了?"林丽有些不解。

"哼,还不是偏心眼儿的老毛病!整天眼里就只有那几个学习好的,别人问她点儿什么都得往后站。"

听完,林丽明白了,原来梅梅是在为刚才课堂讨论的时候齐老师只参与班上几个学习尖子小组,而没来梅梅他们这边停留而生气。

这时,梅梅似乎赌气一般继续说道:"有啥大不了的啊,她自己有时候还不是一道题讲来讲去都讲不明白,最后把自己都绕进去了!还老师呢,水平这样!"

事情发展到这样,梅梅和齐老师之间的关系,已经变得紧张了,这个时候齐老师若还想与梅梅成为朋友,是非常有难度的。

诚然,紧张型师生关系于老师于学生都无益,那么,这种紧张型的关系又是怎样造成的呢?从教师方面来讲,有以下几个原因:

1.教学能力方面的原因

不可否认,广大教师队伍中,教师的教学能力是参差不齐的。同样的一堂课,有的教师能把它上得有声有色、引人入胜,使学生感到如沐春风、如饮甘泉;而有的教师却把它上得枯燥死板、思路不清,让学生觉得味同嚼蜡、难以下咽。课上得精彩,学生自然就信你、服你、喜欢你,师生关系就容易和谐融洽;课上得糟糕,而只会凭加班、加点、加作业来提高成绩,学生自然怕你、烦你、远离你,师生关系就容易疏远、紧张。

2.教育方法方面的原因

受师道尊严的影响,有的教师不能平等地对待学生,不愿意以平等的姿态与学生相处,在学生面前拉不下面子,蹲不下身子,总喜欢把自己的位置摆高一点,喜欢用发号施令的方式和学生谈话,要求学生服从,不懂得尊重学生,不在意倾听学生的心声,不主动与学生沟通交流,不愿意和学生做朋友。由于作风缺乏民主,学生对这样的老师往往也只是敬而远之,口服心不服。在你心里远离学生的同时,学生的心也远离你而去。

当然,除了教师方面的原因,教育体制、社会甚至学生自身等方面都可能造成师生关系紧张,那么,面对这种情况,有什么好的对策呢?

1.大力推行素质教育

"死揪分数"是伤害师生感情的罪魁祸首,只有彻底改变这种"分数决定一切"的局面,完全抛弃应试教育的理念、方法和评价标准,老师才能不用违心地逼着学生"往死里揪",只有彻底抛开了分数的"功名利禄",教师才能轻装上阵、快乐教学。同样也只有彻底抛开分数的"紧箍咒",学生才能不用周一到周五为作业发愁,才能彻底脱离那堆积如山的资料、告别那写不完的作业的苦海,才能够轻轻松松地放飞心情,看他们感兴趣的书、做他们感兴趣的游戏、向老师请教他们感兴趣的问题。早上都可以高高兴兴地来校,下午都可以快快乐乐地回家。在老师的引领下,领悟知识的奥妙、感受成长的快乐,憧憬美好的未来,享受师生的关怀。

2.提高教师素质

想要和学生做朋友,主动权在老师,要让学生信你、服你、尊重你,不提高教师自身的素质是不行的。这里所说的素质,不仅包括业务素质,也包括道德素质。如果你是一位充满爱心又能与学生平等交流的老师;如果你是一位坚韧、刚强,不向挫折弯腰的老师;如果你是一位自信、自强、乐观、豁达的老师;如果你是一位勤于学习、不断充实自己的老师;如果你是一位胸怀理想、充满激情和诗意的老师;如果你是一位思想独立、具有社会责任感的老师;如果你是一位追求卓越、勇于突破的老师。学生就不仅仅是喜欢你、尊重你了,而是崇拜你、追随你了。你将是影响他终生的人,是他心里的偶像,是受他爱戴的人。

3.加强学生品德教育

首先应矫正学生不良的品德特征。学校、家庭、社会应形成合力,客观、公正、冷静地帮助学生认清是非、明确方向，纠正学生身上普遍存在的诸如：情感缺失、心理冷漠、性格暴躁、行为过激、唯我独尊、我行我素、目中无人、价值观扭曲等不良品德。其次应大力加强感恩教育，让学生了解中国感恩教育的传统和历史；学习感恩教育的经典故事；明白为什么要感恩的道理；知道应该感恩的对象；学会感恩的方法。让他们做一个"知恩图报"的人。再者要教给学生与教师沟通交流的方法，鼓励学生大胆地与老师多沟通、多交流。

师生关系紧张可能造成无法弥补的后果与损失，它不仅影响正常的教学活动，而且会对学生的身心健康造成伤害，随之其学业也会大受影响。这种紧张关系也对教师的处境不利，影响教师的正常工作，加重学校管理难度。正如有人所说："如果师生关系紧张，你表扬学生，学生认为是哄人；你批评学生，学生认为是整人。这时的表扬和批评都成了教育的障碍。"

教师是教育理念的实践者与执行人，教学过程中问题的发生首先是从教师身上表现出来。现代学生对教师的普遍认同标准是教师对他们的尊重、理解、公平和关爱。因此，教师想要和学生做朋友，就必须放下所谓"尊师"的架子，同学生在情感上多多交流和沟通，自觉地将他们放在与自己平等的地位上。

冷漠型师生关系

冷漠型师生关系表现为教师无视建立良好师生关系的重要性,教学缺乏热情,只管教,不管学,对学生不冷不热,不闻不问,对学生的缺点、错误也是漠然处之;学生对教师则不亲、不热、不恨,"敬"而远之,教学气氛平淡无奇,教学效果一般。自然,教师也不可能在这种状态下做学生的朋友。

那么,造成师生关系冷漠的因素有哪些呢?从教师方面来说,有以下几点。

1.教师的教育理念

教育理念是指导教育行为的思想观念和精神追求,是教育改革和发展的思想先导。教育理念会影响一名教师如何看待教育的意义,如何看待教师与学生的关系以及如何处理教育教学中的各种矛盾。随着社会的发展、科技的进步,需要转变传统的教育思想,树立新的教育观念,以适应经济、社会发展的要求。

但是,当前教师权威绝对化、权威使用过度的传统教育观念仍然严重存在于人们的头脑中。如"专制型"师生观导致了教师不能平等地对待学生,学生成为教师的附庸、消极的教育对象。这样的师生关系扼杀了学生的主动性、自主性和创造性,拉大了师生间的距离。与此相对应的是"放任自流型"的师生观,片面强调学生的自然天性,一切围绕学生旋转,教师不干预和不限制,让学生放任自流。这样的师生观念排斥了教师的地位和作用,忽视了学生系统理论知识的学习,不利于学生的身心发展。

当前,有的教师安于现状、不思进取,没有意识到教师职能的变化和角色的转换,不及时学习新的教育思想和方法。而对于从事教育工作的人员来说,具有明确和先进的教育理念应该是基本的素质要求。

2.教师的个性特点

师生的交往是在师生双方个体个性倾向性和个性特征的基础上展开的,师生关系在建立发展的过程中也会受到师生个性特点的影响,而且老师的个性特征在很大程度上决定着学生对教师的评价。教师优良的个性品质有利于良好师生关系的建立与发展,不良的个性品质则会使师生间产生相互排斥、疏远甚至冲突。

据调查,学生最喜欢尊重学生、知识广博、和蔼可亲、平等待人、风趣幽默的教师,最不喜欢那种讨厌学生、偏爱、不公正、无责任感、自傲、冷漠、教学不认真的教师。有的教师由于性格、心理的问题,不善于与他人交往与沟通,仅把自己的精力投入到教学科研或专业学术方面,导致了在教学方面仅与学生保持一种纯教的关系,不愿在课外与学生过多接触而浪费自己的时间;也有的教师认为学生无论是知识面还是社会经验都不及自己,与自己没有共同语言,不愿意与学生交往,师生之间仅维持着一种平淡的人际关系。教师只管"教书",不管"育人",教书育人相脱节的现象仍很突出。

著名教育家苏霍姆林斯基认为,常常以教育上的巨大不幸和失败而告终的学校内,许多的冲突,其根源在于教师不善于与学生交往。可见,教师如果不与学生时常交往就难于了解学生的思想动态和生活状况,难于及时发现工作中的问题,更谈不上采取适当措施解决这些问题,从而和学生做朋友了。

3.教师的教学态度

学风和教风是良好校风的基本组成部分,是育人的重要文化环境。教师的教学态度是否端正,责任心强与否,均会对学生的思想及学习产生不同影响和作用。然而,当前部分中小学教师的敬业精神较弱,只把应付课堂几十分钟作为教学目的,上课流于形式,很少顾及教学效果。

另外,一些教师由于受到社会上不良风气的影响,其人生观、价值观发生变化,不满足于安贫乐道,一味追求经济利益而对学生缺乏责任心,敷衍了事,对学生缺少热情、漠不关心,生活中不求进取,言行轻率,学问上和品德上不足为师。教师不了解学生的情况和特点,或了解不全面、不准确,在教育工作中盲目行事,对学生评价也难以公正和客观,使学生不能对老师产生崇敬之心,损害了师者形象,自然就影响到师生间的交往。可见,教师在教学上的不够认真,品德上的不尽人意是导致学生漠视教师、师生关系冷淡的原因之一。

良好、和谐的师生关系是教师顺利完成教育教学任务的基本前提,也是一所学校校园文化的核心所在,它折射出教师这门职业的光辉和灿烂。

那么,面对冷漠了的师生关系,有什么对策呢?

作为教师首先要热爱学生。"教育不能没有爱,没有爱就没有教育",爱是教育的灵魂。只有爱学生才能正确对待、宽容学生所犯的错误,才能耐心地雕塑每一位学生。

二要给学生以尊重。学生只有受到尊重了才会感到平等,感到自尊的存在。一旦他们认为失去自尊就会失去向上的动力和精神支柱,走向沉沦。为此,教师要尊重学生的人格、意愿、隐私权等,采用一切方式肯定和赏识学生。

三要尽可能地了解学生。正如苏霍姆林斯基所言:"尽可能深入地了解每个孩子的精神世界——这是教师和校长的首条金科玉律。"只有了解学生的家庭背景、个性差异、兴趣爱好、心理变化、发展特点,教师才有与学生做朋友的基础。

四要确保学生的主体地位。多让学生主动参与实践,使其个性得到全面展示,学会自我教育、自我管理、自我成才。

五要完善自身素质。师生关系是对立统一的,教师处于矛盾的主要方面,在运动变化中起着主导作用。因此,构建良好的师生关系关键在于教师。作为教师首先应该结合自身的工作转变观念，加强自身修养，提高师德素养和教育教学能力，以高尚的品格和过硬的素质去感染学生、征服学生。其次，应做好角色的转换。在素质教育中教师不再是主角而是主导，教师的任务是激发学生学习的兴趣而不是监督学生。

只有在平等、关爱、和谐的氛围中，才能让每个学生都能感受到自主的尊严，感受到心灵成长的愉悦，才能真正将冷漠型师生关系抛弃，才能再也看不见"带血的屠刀"，才能真正和学生做朋友。

和谐型师生关系

和谐型师生关系表现为教师对学生既热情、尊重又信任和爱护,教学气氛生动活泼,师生关系民主和谐。古人云:"亲其师,信其道。"只有在和谐的师生关系下,学生才能给予教师充分的信赖与服从,反之,师生之间彼此有隔阂,教师就不可能成为学生的朋友。

班主任和学生的关系很像是太阳和地球,太阳以强大的吸引力使地球围绕太阳旋转,并无私地奉献给地球无限的温暖和蓬勃的生机。没有太阳,地球就会失去生命和方向;地球是太阳的孩子,但在围绕太阳旋转的同时,也在不停地自转,并且时时刻刻产生想摆脱太阳束缚的离心力——恰当的距离,是地球上生命存在和发展的基础。没有了地球,太阳也就失去意义和价值。太阳和地球之间,这种相互吸引又相互排斥的平衡状态,就充分体现着一种和谐。

下面是一个班主任的自述：

我们班有一个女生，她平时不爱说话，朋友很少，学习成绩中等。我发现她自尊心很强，对老师的表扬与批评会极度关注。因而我在做工作中，十分注意保护她的自尊心，使她感到老师是信任、爱护她的。为了锻炼她，给她创造与同学接触的机会，让她担任课代表的工作，使她的长处得到进一步发挥。

学期末，她送给我一个贺卡，上面写着："老师，谢谢您！"

此时，我感觉到多么幸福啊，每当你付出一点爱，收获的将是孩子们无比的信赖与爱戴。

和谐的师生关系是老师和学生成为朋友的前提条件，那么，怎么才能建立起师生间和谐的良好关系呢？

1.尊重学生的人格

构建和谐师生关系的前提是尊重学生的人格。对人而言最大的伤害莫过于对其人格的泯灭、不尊重，作为教师一定要清醒地认识到保护学生自尊心、自信心的重要性。教师、学生的接触中，特别是对学生的批评教育中，一定要时刻注意对学生人格的尊重，注意方式方法上的度，拿捏要有分寸，既要宽容又要严格要求。

现在的学生由于多数是独生子女，是家中的小皇帝、小公主，娇气金贵。加上家庭条件比较优越，造成了其自尊心比较脆弱，本能防卫意识强，逆反心理重，受人尊重的需要及愿望强烈。与人沟通交流时，以自我为中心、霸道霸气、听不进相反意见，对教师的批评教育容易抵触，甚至对立和敌视。教师除了尽最大努力教好他们，更重要的是要尊重所有学生，让他们感觉到教师对他们的爱。人非草木，孰能无情，时间长了同学们就会愿意和教师沟通，与教师配合，教育教学就会收到良好的效果。

教师在教育教学中要一视同仁，处理问题要秉公办事，处理同学的关系时，不要厚此薄彼，批评教育上千万不能"急不择词"，想说什么就说什么，一定要注意动机和效果的统一。时刻注意保护学生的自尊心，以促进他们学习的积极性，让学生带着尊重和自信生活学习在班级里，始终保持乐观向上的学习态度。

和谐的师生关系能让学生把教师看作最信赖和仰慕的人，他们把上课当成一种享受，从而提高学习效率。让学生懂得尊重教师就是要尊重教师的劳动，从而积极配合、专心听讲、勤于思考、努力学习，对教师所传递的知识信息，尽量吸收，提高学习的效果。如果教师能够和学生建立一种友好合作的关系，共同担负任务和解决问题，那么，学生的行为就倾向于维护这种关系，这样相互间的交往就会促进学习。在良好的心理氛围中，学生尊敬、信赖教师，就比较容易接受教师对自己的严格要求和批评意见，从而避免由于人际关系而影响学生学习情绪和教师教学态度的事件发生。

2.架构心灵的桥梁

新型的师生关系是师生人格上的平等、民主，相处上的和谐，是师生间心理相融、心灵互相接纳，形成师生间真挚的情感，即和谐的师生关系。这有利于学生自主性的提高，人格得到充分健康的发展，有利于学生全面发展，获得成就感及一些积极的价值体验，逐步塑造独有的个性和健康人格；充分让每个学生感触和感受到自主的尊严，体验和感受到学习的乐趣。

要建立新型的师生关系，每一位教师都应放下架子，俯下身子，去聆听孩子们的心声。从学习的指挥者转变为参与者、合作者，变"单向型"为"双向型"，即从教师的知识传递、学生的被动接受，变为教师在传授知识的同时要有向学生学习的勇气。向学生学习的过程，就是发掘学生优点的过程，是进行情感交流的途径。学生作为独立的个体，有潜力、有人格、有主观能动性。

教师对学生的尊重就是对自己的尊重，就是尊重教育。如果把师生关系形容为一个电路适配器,相同的教育条件,相同的教育对象,通过一定的师生关系配置,就能爆发出强烈的教育能量,产生积极的教育效益;反之则会产生短路,导致学生厌学。显而易见,对学生主体地位的重视,是新型师生关系建立的关键,只有构架起师生心灵的桥梁,才能形成和谐、平等、民主的师生关系。

3.彰显"爱"的力量

"感人心者,莫过乎情。"以情动人是教师教育教学中常用的方法。教学是师生之间通过双向活动进行情感、兴趣等各方面的心理交流。学生不是一张没有思想的白纸,也不是一只空空如也的容器。每个学生都有着自己独特的内心世界、精神生活和内在感受,对师生关系很敏感。

融洽的师生关系应以"爱"为桥梁。师生只有处于相互关爱、平等、尊重、民主等和谐氛围中,学生才能直面教师,大胆、热情地投入到学习中去,才能形成和谐融洽的师生关系;沟通交流是构建这种良好关系的平台,如在教育教学中善于运用表扬和批评的方法,经常和学生谈心,体贴、关爱学生。充分运用肢体语言,达到"润物细无声"的效果,让学生感受到教师的浓浓爱意,如沐春风。表扬的手势既可以传递教师的思想,又可以表达感情,还能增加教师有声语言的说服力和感染力。面部表情表达着教师的情感和意图,教师情绪饱满,和蔼可亲,一定会带给学生一种自然、明朗、亲切的感觉,有助于促成学生形成积极、愉悦的心情,建立融洽的师生关系;教师在教育教学中的微笑、表扬,都可表现出教师爱的真情,幽默诙谐的态度会让学生不知不觉从内心接受教师,想和老师做朋友,这是教师以自身的人格魅力去感染和影响学生而建立起来的平等、融洽的师生关系。在这种和谐的氛围之中,学生才能自觉而愉快地接受教师的引导,激起他们对学习的兴趣,也使他们更喜欢自己的老师。

4.多元评价学生

教师在教育教学中必须建立一种公平合理的评价机制,促进学生全面、自由、和谐的发展。但由于评价方法单一，为师生关系的和谐发展带来了一些麻烦，有些学生由于对评价机制的不满而对教师产生误解，甚至产生对立情绪。

教师应该对考核评价持多元标准，通过评价让学生体验到成功的喜悦，从而激发他们的学习兴趣和积极性。评价中教师不应只以一张考卷定成绩，而应尊重学生的个体差异，以促进学生健康发展为目标，把评价的重点放在纵向评价上，以学生的现在状况与以前作比较。把学生之间的相互评价纳入到评价体系中也不失为一种办法，虽然学生的评价幼稚、不够准确，但能体现出师生之间的相互信任，是建立和谐师生关系的一种必要手段。

合理、公平、多元的评价方式不仅考察了学生的学习状况，更能激发学生的热情和兴趣，可以很好地培养学生健康向上的人格，建立和谐的师生关系。

总之，和谐的师生关系不是一朝一夕就能构建的，它是教师艰苦劳动的结果。关键是，教师要有爱心，并以此感染学生，"教育就是爱"，只有对学生倾注了感情，才能获得学生的信任和尊重。只有真正维护了学生的自尊心，才能融洽师生关系，为师生合作打下基础。也只有建立了和谐的师生关系，教师才能够成为学生的朋友。

第二章　具有魅力的教师形象

　　教师形象是教师与学生交流中最直接的表现。美国心理学家艾伯尔·梅柏拉,曾对语言行为传递信息的效果进行过因素分析,最后得出一个十分有趣的结论:课堂信息传递的总效果＝7％的文字＋38％的有声语言＋55％的态势语言。由此可见,形象语言在课堂讲授中发挥着重要作用。教师优雅大方、蓬勃洋溢的仪态,会带给学生有益的影响、会创造出充满生命活力的课堂。

教师的仪表形象

天津某中学对"你如何看待教师化妆"面向全校学生展开了一次问卷调查,调查中,竟有 92％的学生喜欢教师化淡妆。这所中学是一所普通的初级中学,为了让教师给学生起表率作用,过去学校曾对教师的仪表、着装有非常严格的规定,比如女教师不许化妆,不许染红指甲,不能穿带响声的鞋等等。随着学校年轻教师的增多,爱美的教师们悄悄打破了这些禁令。学校的领导也认为过去的规定太过保守苛刻,于是便设计了一份问卷,看看学生们究竟喜欢什么样的教师。

调查的结果出人意料,大多数学生喜欢教师能够稍微时髦一些。在回答"你认为教师可以佩戴的饰物"这一问题时,学生选择了胸针、戒指、项链,而不喜欢教师带手链、手镯、头饰等其他饰物。调查表明,学生不介意教师穿带响声的皮鞋,但一致反对教师吸烟。而在回答"教师穿什么样衣服更合适"这一问题时,学生则大部分选择了庄重、大方、得体的"统一服装"这一项。

由此我们可以看出教师教书育人,不是单纯地传授知识给学生,教师的形象也同样重要,因为学生一旦从外表上接受了一名教师,那他就比较容易真正接受这名教师。

教师被誉为"太阳底下最光辉的职业",这不是一句浪漫的诗句,而是对教师职业神圣性的自觉认识,在推动人类社会发展的过程中,教师职业的活动是崇高而艰巨的。这就需要我们教师不但要用丰富的知识武装自己，还要把握教师职业道德的真谛，塑造为人师表的高尚品格。教师的形象塑造也是教师人格表现的重要方面。一个人的气质品格，文化素养、审美观念的表现，是美好心灵的表露。教师优雅的风度、脱俗的气质、优美的语言、得体的衣着、端庄的外表、和谐的动作表情、工整潇洒的板书、活泼开朗的性格以及谦逊宽容的态度，对学生的心灵有很大的作用，有助于陶冶学生的情操，使学生受其师而乐于学，进而师生友好合作，顺利地完成教育教学任务。教师的衣着、表情举动、姿态等等不仅直接影响学生的情绪，而且对学生的行为起着潜移默化的作用。

郭沫若先生说："衣裳是文化的表征，是思想的形象。"在师生交往中，第一印象常常是最深刻的，社会心理学将其称为"首轮效应"。有一本叫《接触的最初4分钟》的书，它的作者提出，人们在彼此决定是否成为朋友时，接触的最初4分钟起着重要作用。若要给人以美好的印象，使人喜欢你，必须讲究仪表和风度。周总理就读过的南开大学里曾有一面立镜，镜子上方悬挂着"容止格言"，内容是："面必净，发必理，衣必整，纽必结，头容正，肩容平，胸容宽，背容直。气象勿傲勿暴勿怠，颜色宜和宜静宜庄。"可见，教师的服饰在第一印象中占有重要地位。

教师是一个神圣的职业，自古以来，教师就承担着教书育人的重要职责。也正因为如此，教师的一言一行都必须受到一定的规范，不能随性而为。人们通常喜欢用"为人师表"这四个字来形容对教师的要求。而所谓为人师表，除在品德修养、学识的积累上要高人一等外，日常工作和生活中的着装也很重要。有人说，在学生面前，教师就应像一本吸引人的书，既有丰富厚实的内容，又有精美别致的装帧。即是说，教师的外在仪表是十分需要注意的。

教师的仪表何以受到如此高的重视呢？教师的职责首先是教书育人，他们面对的是一群尚未确立人生观、价值观的未成年人，他们的一举一动都对学生思想的形成起潜移默化的作用。中小学生常常会对自己的教师有一种崇拜心理,喜欢模仿教师的一举一动,包括教师的穿着和思维方式。如果一个教师的外在服装不够得体,势必会导致学生们对"仪表"产生错误的认识。所以,教师所穿的服装、所做的打扮,是"随便"不起来的。

那么,对于教师来说,什么样的仪表才算是得体呢?根据我国现如今的教育形式,人们对教师的仪表往往有如下几点要求:

1.穿着要得体。以前社会对教师的穿着要求很严,要穿清一色的黑、蓝、灰,这虽然显出了纪律性和严谨性,但因色调偏暗而显得死气沉沉。现在,人们的生活水平提高了,每个人开始有不同的时尚眼光,而教师也是人,也有追求美感的权利,对于不同性格的教师,也许会有对于美的不同看法,因此可能会倾向于穿不同风格和类型的衣服。理论上来说,只要不是奇装异服,都可以接受。但是现在的课堂上还存在另一种问题,就是赶时髦和追名牌。如果教师身上的服饰随着穿衣潮流的变化而不断改变,或是教师本人太注重衣服的品牌,那么上课时,学生的注意力就难免会被吸引到与教学无关的地方去了。这必将大大降低教学质量,因此作为一名人民教师,衣着的得体是十分必要的。

2.打扮要适宜。打扮与穿着几乎占有同样重要的地位。每个教师都有爱美的权利,尤其对于女教师来说,化妆打扮是生活中不可缺少的一部分,不能简简单单地剥夺。但是打扮也有打扮的规矩,一定要适合自己的性别、年龄、长相和身体等方面的特点,不必整齐划一,否则就可能暗然而无光泽。同时,考虑到职业的特殊性,浓妆艳抹自然是不可取的。所以,教师最好的打扮还是越自然、越真实越好,给学生一个真实的老师,这也在一定程度上拉近了师生之间的距离。

3.外观要整洁。我们都知道,一个人无论穿着多么有品位的衣服,如果他浑身邋里邋遢,不修边幅,是无法给人以好的印象的。外观整洁,同样是教师仪表的重要标志之一。一个教师是否讲究个人卫生,将直接影响着他在学生心目中的形象。因此，无论是何种情形，作为教师，都必须要求衣冠整洁，头发和胡子要弄得像样，鞋袜干净，双手清洁并修好指甲。相反，一个教师要是长期不洗澡，不常剪指甲，不常理发，不常换衣服，上课随随便便，短衣短裤，下课乱七八糟，蓬头垢面。那他就难以给人以愉快的感受，同时也无法树立一个教师在学生心目中应有的崇高形象。这将为他的教学工作带来莫大的困难。

4. 语言要文雅。教师的仪表，不仅仅表现在教师的打扮和衣着上，而且还要表现在教师的谈吐和举止上。一个教师如何对学生说话，对于学生来说，就完全反映了这个教师的思想情操、人格品质和学识水平。所以，为了给学生留下良好的仪表印象，教师还应注意自己的语言要文雅，语气要平和。虽然不是所有教师都能做到幽默风趣，但是适当地开一些小玩笑也可以缓解紧张的学习气氛，为学生也为自己舒缓心情。相反，如果一个教师的语言粗俗不堪，甚至低级下流，那么伤害了学生的感情不说，更重要的是失去了学生的信任，也就无法再作为一个教师而工作下去了。

5. 行为要端庄。教师是学生的教育者和引导者，自己的语言不仅要文明，有礼貌，而且行为一定要端庄，有修养，要合乎一定的规矩，只有行为端庄，才有利于树立自己的教师形象，获得学生的爱戴和欢迎，并且为学生树立良好的学习榜样，使学生受到深刻的精神感染。反之，如果教师行为轻浮放纵、松松散散，举止没有分寸，这不仅会引起部分学生的厌恶，甚至还会对学生的未来行为准则起到坏的指向和诱导作用。所以，教师在教学过程中，一定要注意自己的一举一动，使自己的行为举止符合教师的职业道德规范，给人以为人师表的感觉。

当然，仅凭以上几点是无法将教师仪表的要求完全阐述出来的。教师在教书的同时也承担着德育的重要职责，为了给学生一个良好的教师形象和学习氛围，身为教师的工作者们必定需要花费很多心思来完善自己的仪表。并且随着时代的推移,教育工作的逐渐繁重,教师们所面对的学生和教学任务也越来越多样化。为了应对这一系列挑战,教师的仪表要求也会随之而改变。但是我相信无论如何变化,作为一个教书育人的教育工作者,其基本的要求和礼仪不会有太大变化。仪表上,只要做到符合自身风格,符合工作环境,符合大众审美观,那么,这样的仪表就是合格的。它在潜移默化的德育过程中,将成为一种无声的语言。

教师的仪态形象

教师仪态是教师与学生交流中最直接的表现。美国心理学家艾伯尔·梅柏拉,曾对语言行为传递信息的效果进行过因素分析,最后得出一个十分有趣的结论:课堂信息传递的总效果等于7％的文字＋38％的有声语言＋55％的态势语言。由此可见,态势语言在课堂讲授中发挥着重要作用。因此,教师在教学中,要正确运用态势语言,以增强教学效果。在教学活动中,教师的举手投足、面部表情等都反映着教师的修养水平及教学技能。教师仪态的一般要求是:站姿要有安定感和力度,这样有利于学生提高情绪,振作精神;随着教学内容的变化,要求教师适当变化站姿;要用优美的手势正确地表达感情,不能指手画脚,盛气凌人;面部表情要丰富但不做作,要善于运用喜、怒、哀、乐、爱、恨、怨、叹等表情;在与学生交谈时,神态要热情、亲切,即使批评学生时,也不能用轻视、蔑视的眼光,因为学生往往能从教师的神情中看到自己在教师心目中的地位和价值。事实证明,教师优雅大方、蓬勃洋溢的仪态,会带给学生有益的影响,会创造出充满生命活力的课堂。

一、教师的站姿

教师在讲台上的站姿优美与否,其感召力是不一样的,教师的站姿应给人以挺拔笔直、舒展大方、精力充沛、积极向上的印象。站姿在一定程度上反映了一个教师的精神面貌和对课堂的投入程度。因而教师的站姿在稳重之中还要显出活力,不要过于拘谨和呆板。教师站在讲台上要精神振作,潇洒大方。要随时根据授课内容和课堂情景的变化调整站姿,适当走动,要善于运用恰到好处的动作和站姿来配合自己的语言表达。

(一)教师在讲课时站的位置

讲课时,教师站在教室的讲台中央为最佳位置,即讲桌与黑板之间,这样做可以提高课堂教学效率。教师站在讲桌与黑板之间,除两边的学生外,大多数学生是直视的,这对保护视力有益处。若站在一角,则大部分学生的视线是斜的。踱步讲课,学生目光随之移动,久而久之对学生的视力也会有影响。此外,教师讲课总是辅之以板书,还要随时参阅教案,站在讲桌与黑板之间,口述笔写,随手可到,浏览教案,低头可及,既节约时间又方便应手。若站在一角或踱来踱去讲课,板书时需向黑板靠拢,参阅教案时又要向讲桌靠拢,这既浪费时间又不方便。

(二)教师正确的站姿

站姿是教师在课堂中最重要的举止之一。在课堂上,教师不同的站立姿势,对学生的心理有不同的影响。

1.站姿的要求:端正、稳重、亲切、自然。

2.正确的站姿

(1)正向抬头,双目平视前万,嘴唇微闭,面带微笑,自然平和。

(2)两肩平行、放松,稍往下压,使人体有向上的感觉。

(3)躯干挺直,身体重心应在两腿的中央,做到挺胸、收腹、立腰。(这样会给学生以"力度感")

(4)双臂自然下垂于身体两侧,或放在身体前。

(5)双腿直立,两足分开 20 公分左右的距离或两脚靠拢,脚尖呈"V"字形。女教师两脚可并拢。男教师双腿张开与肩同宽,保持身体的端正。

(三)学生回答问题时教师的站姿

1.学生回答问题,教师身体微微前倾,这种姿势表明对学生说的话感兴趣,也表明教师的注意力都集中在学生身上,没有走神,增加了亲切感。

2.学生回答问题时,教师错误的站姿

(1)自己板书,背对学生,给学生一种不礼貌的感觉,学生也不能从教师的表情中判断自己的回答是否正确,是否需要继续回答。

(2)双手放在裤袋里或两手反在背后,一副师道尊严、居高临下的姿态,没有一点亲切感。

(四)教师站姿的注意事项

1.学生自习时,教师可以用手撑住桌沿,把重心移到某只脚上,但不能长时间手撑桌面,免得学生认为你疲惫不堪,影响听课情绪。

2.擦黑板时,教师的站立要稳,不能全身猛烈抖动,左右摇晃,此举会破坏教师的课堂形象。

3.教师讲课的站位不能呆板地固定在一点上,应适当地移动位置,或到学生座位行间进行巡视。

4.忌侧身而站。心理学研究表明,侧身而站和面向黑板而站说明教师的心理是封闭的,不利于阐述教学内容,而且会给学生留下缺乏修养的印象。

5.忌站时重心移动太快。站时重心忽左忽右,彰显信心不足、情绪紧张、焦虑。面对学生站稳,表明教师准备充足,有信心上好这堂课,有能力控制整个教学局面。

6.忌远离讲桌,站在讲台的前左角或前右角;"打游击"左右来回移动;或者在学生座位行间踱来踱去,不符合礼仪规范和卫生要求。

7.忌教师把双手交叉抱在胸前或背在身后,这些动作会给学生一种傲慢的感觉。

8.如果站立过久,可以将左脚或右脚交替后撤一步,但上身仍须挺直,脚不可伸得太远,双腿不可叉开过大,变换也不能过于频繁。

9.站立时,忌全身不够端正、双脚叉开过大、双脚随意乱动、无精打采、自由散漫的姿势。

二、教师的坐姿

教师的坐姿,是一种静态造型。端庄优美的坐姿,会给学生以优雅、稳重、自然、大方的美感,从而提升教学效率。

(一)教师落座的方法

女教师在落座前应回视座椅,右腿退后半步(视面部朝向而定),待右小腿后部触到椅子后,方可轻轻坐下(如着裙装,需同时整理好)。坐定后,膝盖并拢,腿可以放在身体正中或一侧。如果想跷腿,两腿需并紧。女教师若着短裙,一定要小心盖住膝盖(在讲台上需落座的女教师,不适合穿短裙)。男教师落座时,膝部可以分开一点,但不要超过肩宽,也不能两腿叉开,半躺在椅子上。

(二)教师坐姿的方式

1.“正襟危坐”式。适用于课堂上或正规集会。要求:上身和大腿、大腿和小腿,都应当形成直角,小腿垂直于地面。双膝、双脚包括两脚的跟部,都要完全并拢。

2.双腿斜放式。这种姿势适合于穿裙子的女教师在较低的位置就座时所用。要求:双腿首先并拢,然后双脚向左或向右侧斜放,力求使斜放后的腿部与地面呈45°角。

3.前伸后曲式。这是女教师适用的一种坐姿。要求:大腿并紧后,向前伸出一条小腿,并将另一条腿屈后,两脚脚掌着地,双脚前后要保持在一条直线上。

4.双腿叠放式。适合穿短裙的女教师采用。要求:将双腿一上一下交叠在一起,交叠后的两腿间没有任何缝隙,犹如一条直线。双脚斜放在左或右一侧。斜放后的腿部与地面呈45°角,叠放的上脚尖垂向地面。

5.双脚内收式。它适合与学生交谈时采用,男女教师都适合。要求:两条大腿首先并拢,双膝可以略为打开,两条小腿可以在稍许分开后向内侧屈回,双脚脚掌着地。

6.垂腿开膝式。多为男教师所用,比较正规。要求:上身和大腿、大腿和小腿都成直角,小腿垂直于地面。双膝允许分开,分的幅度不要超过肩宽。

7.双脚交叉式。适用于各种场合,男女教师都可选用。双膝先要并拢,然后双脚在踝部交叉。需要注意的是:交叉后的双脚可以内收,也可以斜放,但不要向前方远远地直伸出去。

(三)教师坐姿要求

1.头要端正。不出现仰头、低头、歪头、扭头等情况。整个头部看上去,应当如同一条直线一样,和地面相垂直。在办公时可以低头俯看桌上的文件等物品,但在回答学生问题时,必须抬起头。在和学生交谈的时候,可以正向对方,或者面部侧向对方,不可以把头后部对着对方。

2.上身直立。坐好后,身体也要端正。需要注意的地方有:

(1)倚靠椅背。倚靠座椅主要用以休息。在教室就座时,不应把上身完全倚靠在座椅的背部,最好不要倚靠。

(2)占用椅面。在课堂上,不要坐满椅面,最合乎礼节的是占用椅面的 3/4 左右。

(3)身体的朝向。交谈的时候,为表示重视,不仅应面向学生,而且要将整个上身朝向对方。

3.手臂的摆放。

(1)手臂放在双腿上。双手各自扶在一条大腿上,也可以双手叠放后放在两条大腿上,或者双手相握后放在双腿上。

(2)手臂放在身前桌子上。把双手平扶在桌子边沿,或是双手相握置于桌上,也可以把双手叠放在桌上。

(3)手臂放在椅子扶手上。当正身而坐时,要把双手分扶在两侧扶手上;当侧身而坐时,要把双手叠放或相握后,放在侧身一侧的扶手上。

(四)教师坐姿禁忌

1.双腿叉开过大。双腿如果叉开过大,不论大腿叉开还是小腿叉开,都非常不雅观。特别是身穿裙装的女教师更不要忽视这一点。

2.架腿方式欠妥。坐后将双腿相架的正确方式:两条大腿相架、并拢。忌把一条小腿架在另一条大腿上,两腿之间留出大大的空隙,显得过于无礼。

3.双腿直伸出去。那样既不雅观又妨碍别人。身前如果有桌子,双腿尽量不要伸到外面来。

4.将腿放在桌椅上。为图舒服,把腿架在高处,甚至抬到身前的桌子或椅子上,这样的行为过于粗鲁。不允许把腿盘在座椅上。

5.抖腿。坐时,不停地抖动或摇晃腿部,不仅让人心烦意乱,也给人以不安稳的印象。

6.脚尖指向学生。不管采用哪一种坐姿,都不要以脚尖指向学生,这种做法缺乏礼数。

7.脚蹬踏它物。坐下后,脚部要放在地上。忌用脚乱蹬乱踩。

8.用脚自脱鞋袜。在学生面前就座时,用脚自脱鞋袜,显然是不文明之举。

9.用手触摸脚部。就座以后用手抚摸小腿或脚部,既不卫生又不雅观。

10.手乱放。就座后,双手应放在身前,有桌子时放在桌上。不允许单手、双手放在桌下,或是双肘支在面前的桌子上,或夹在两腿间。

11.双手抱在腿上。双手抱腿,本是一种惬意、放松的休息姿势,在教室和办公室不宜如此。

12.上身向前趴伏在讲台上。不要在教室中出现上身趴伏在讲台上的姿态,显得无精打采。

13.仰靠椅背,翘起并摇动二郎腿,会给学生傲慢和随意的印象。

14.漫不经心地手托下巴。

15.懒散懈怠地坐在椅子上转身板书。

(五)不同场合的坐姿

1.在比较轻松的场合,可以坐得比较舒展、自由。

2.在比较严肃的场合谈话时,适合正襟危坐。要求上体正直,落座在椅子的中部,双手放在桌上,或将手放在扶手上。并膝、稍分小腿或并膝、小腿前后相错、左右相掀。

3.女教师在社交场合,为了使坐姿优美,可以采用略侧向的坐姿,头和身子朝向对方,双膝并拢,两脚相并、相掀、一前一后都可以。在落座时,应把裙子理好、掀好,以免不雅。

4.如对方是尊者、贵宾,坐姿要端正,坐到椅面的3/4处,身体稍向前倾,向对方表现出积极、重视的态度。

5.与学生在办公室谈话时,上身微前倾,眼睛平视学生,面带微笑,让学生感到亲切、真诚。

总之,教师优雅的坐姿,向学生传递着自信、友好、热情的信息,同时也显示出教师高雅、庄重的良好风范。

三、教师的走姿

教师在课堂上如果能适当走动,变换一下位置,可以改变学生注视教师的角度,减轻视觉疲劳。教师的走姿要优雅、稳重、从容、落落大方。

(一)教师走姿的规范

1.起步时以站姿为基础,上身略为前倾,身体重心在前脚掌上,步态轻盈稳健。

2.速度适中,不要过快或过慢,过快给人轻浮的印象,过慢则显得没有时间观念,没有活力。

3.头正颈直,两眼平视前方,面色爽朗。

4.上身挺直,挺胸收腹。

5.行走时双肩平稳,双臂以肩关节为轴自然摆动,摆动幅度以30cm—40cm 为宜。

6.身体重心在脚掌前部,两脚跟走在一条直线上,脚尖偏离中心线约 $10°$。

7.女教师行走时要走成一条直线,脚步要行如和风,自如、匀称、轻柔。

8.男教师行走时则要走成两条直线,脚步要大方、稳重、有力。

9.步幅要适当。着装不同,步幅也要有所不同。

(二)教师走姿的特点

1.教师走姿的特点

教师行走步伐要稳健、自信、刚劲、有力,体现一种胸有成竹、沉稳自信的风度和气质。

2.教师行走的频率

教师行走的步幅、步频要依据不同场合而定。一般的课堂行走,步频慢,每秒约 1 至 2 步,且步幅小;欢快、热烈的场合步频较快,每秒约 2.5 步左右,步幅应较大,如:带领学生外出游览;庄严的大会,步频以每秒2步为好,步幅自然。行走时挺胸抬头,目视前方,摆臂自然。

(三)教师走姿禁忌

1.忌弯腰曲背。教师在课堂中的来回走动是不可缺少的。走时,身板要挺直,两肩要端平。

2.忌步履蹒跚。走动的速度要根据具体情况来定。走得太慢,使人着急,给人一种漫不经心的感觉;走得太快,使人感到慌乱。

3.忌面无表情。教师在校园内行走要始终保持微笑,给学生以亲切感。

4.忌东张西望。教师行走时应随时保持走姿从容不迫,快慢自然,矫健轻快。

5.忌步子迈得过大或过小,以免有跨越感或谨小慎微感。

6.忌敞开衣襟。教师的走姿应当端庄,行走中不敞开衣襟,不斜披衣服。

7.忌拖着鞋走路。

8.忌勾肩挎臂并排而行。

9.忌走路时吸烟、吃东西。

10.忌课堂上走动过频过急。课堂上行走过急会分散学生的注意力，引起学生的反感。

教师的礼节美

下面是一位学生回忆他初中老师时的描述：

某老师是我初中的科学老师，她已经桃李满天下了。在我们那一带，某老师的口碑还是比较好的，主要以她的严厉著称。

在一次上课时，有一个坐在最后一排，平时不爱学习的同学趴在课桌上打起了瞌睡。该老师发现后立马停止讲课，"×××，你在干嘛呢！嘴巴像个'郎夯'（方言，意为蛤蜊）一样张的这么大！"那同学立马清醒，我们也随之哄堂大笑。以后我们凡是见到×××就叫他为"郎夯"。

还有一件事是我母亲开完家长会后回来告诉我的，因为我们班学习成绩不怎么样，该老师就在家长会上骂家长教育不严，"你们的孩子在上课回答问题时，名字被点到站起来后一个个就像木头一样立在那里好了！"（意为回答不出问题）。当时那些被指责的家长一愣一愣的，不知道该说什么。

在人际交往中，礼仪不仅可以有效地展现一个人的教养、风度和魅力，还体现出一个人对社会的认知水准、个人学识、修养和价值。礼仪是一种潜在资本，如果能够恰当地运用，人们就能取得丰硕的成就。

教师工作的性质决定了他要与学生、家长、领导、同事及社会公众多方面接触、沟通。在与众多对象接触沟通时，优雅、规范的礼节是展示教师素质、水平、修养的重要体现，看似很平常，很细微的一个礼节，一个动作都可以展示教师的良好形象，若做得不规范、不到位，则会损害教师形象，因为礼节是礼貌的具体表现。

古人云："不学礼，无以立。"随着中国入世、社会的快速进步和文明程度的不断提高，人们越发认识到礼仪在生活、工作上的重要作用；意识到不注意礼仪的危害性；意识到礼仪就是人立身处世的根本。于是，学礼、懂礼、守礼和用礼的呼声日渐高涨，社会上各行各业的从业人员，都迫切需要掌握规范的礼仪,来充实自己,完善形象,以改进自己的人际关系,实现自身在社会中的存在价值。作为为人师表的教育工作者,更应成为社会各阶层中的佼佼者。

礼仪包括:称呼礼、致意礼、握手礼、介绍礼、鞠躬礼。这些礼节的准确、规范在现实生活学习中的地位十分重要,不是会不会的问题,而是做得好不好的问题。

一、称呼礼

在日常生活中,称呼应当亲切、自然、准确、得体。

要根据对方的身份、地位、职业、年龄、性别以及对方所处的场合的不同而恰当选择称谓。

1.称呼的形式

(1)生活中的称呼

对亲属的称呼。对亲属可根据不同情况采取谦称或敬称。对本人的亲属,应采用谦称。可在其称呼前加"家"字。对他人的亲属,应采用敬称。在称呼之前加"尊"字。对朋友、熟人的称呼。对任何朋友,熟人都可以用人称代词"你""您"相称。对长辈平辈,可称为"您"。对晚辈,则可称为"你",对于有身份者,年纪长者,可以"先生"相称。甚至还可以冠以姓氏,如"王先生""张先生"。对待德高望重的年长者、资深者可将姓氏后加以"老"字或"公"字,如"周老"或"周公"。

(2)工作中的称呼

在工作岗位上,人们彼此之间的称呼应庄重、正式、规范。

职务称呼。这是一种最常见的称呼方法。职务称呼又分三种情况:

第一种:仅称职务。如:"校长""主任"等。

第二种:在职务之前加上姓氏。如:"刘总经理"。

第三种:在职务之前加上姓名。这仅适用极其正式的场合。如:刘淇书记。

职称称呼。

第一种:仅称职称。例如"教授""律师"等。

第二种:在职称前加上姓氏。例如"冯教授"。

第三种:在职称前加上姓名。

行业称呼。在工作岗位上称呼姓名,一般限于同事熟人之间。其具体方法有三种:

第一种:直呼姓名。

第二种:只呼其姓,不称其名,但要在它前面加上"老""大""小"。如:"小王""老李"。

第三种:只称其名,不呼其姓,通常适用于同性之间,尤其是上级称呼下级,长辈称呼晚辈之时。在亲友、同学、邻居之间,也可以使用这种称呼。

社交称呼。在社交场合男士可统称"先生",女性未婚可称"小姐",已婚的可称"女士"。

公共场合中对年长者可称"老大爷""老大妈""老先生"等。

2.称呼的禁忌

进行人际交流,在使用称呼时,还应注意以下几个问题:

(1)在较为正式的场合,不应使用亲属类的称呼。

(2)在交往中,不应使用绰号作为称呼,更不应该出现诸如"哥们儿""姐们儿"等一类显得庸俗低级的称呼。

(3)对一些特殊的人,如有生理残疾的人,要绝对避免使用带有刺激或蔑视的字眼。

(4)在多人交谈的场合,应遵循"先上后下、先长后幼、先女后男、先疏后亲"的称呼顺序。

总之,称呼不仅可以成为沟通人际关系的信号和表达情意的手段,同时也体现了一个人对他人的尊重。

二、致意礼

致意无论是对相识的人还是初次见面者,都是一种表达友好和礼貌最常用的礼节。

1.致意的形式

(1)点头致意

在公共场合遇到相识的人而相距较远时,与一面之交或不相识的人在社交场合见面时,均应微笑点头向对方致意,以示问候,不应视而不见,不理不睬。施礼时,一般应脱帽。具体做法是:身体要保持正直,两脚跟相靠,双手下垂置于身体两侧或摆放于体前,目视前方,面带微笑,头向前方微低。

(2)欠身致意

欠身是一种表示致敬的举止,多用在被他人介绍,或是主人向客人奉茶,客人等候时。行欠身礼时,应以腰为轴,上体前倾15°即可,行礼时应面带微笑,注视对方,如果是坐着,欠身时只需稍微起立,不必站起来。

(3)举手致意

行举手礼的场合,与行点头礼的场合大致相似,它最适合向距离较远的熟人打招呼,行举手礼的正确做法是:右臂向前上方伸直,右手掌心向着对方,四指并拢,拇指微张,轻轻向左右摆动一两下,不要将手上下摆动,也不要在手部摇摆时用手背朝向对方。

(4)注目致意

注目致意主要用于升国旗、剪彩揭幕、庆典等活动时,行注目礼时,不可戴帽、东张西望、嬉笑喧哗。准确的做法为:身体立正站好,挺胸抬头,双臂自然下垂,放于身体的两侧,表情庄重严肃,目视行礼对象,目光随之缓缓移动。

2.致意礼的规范

(1)致意要讲究先后顺序。通常应遵循:年轻者先向年长者致意;学生先向老师致意;男士先向女士致意;下级先向上级致意。

（2）向他人致意时,往往可以两种形式同时使用,如点头与微笑并用,起立与欠身并用。

（3）致意时大方、文雅,一般不要在致意的同时,向对方高声叫喊,以免妨碍他人。

（4）如遇对方先向自己致意,应以同样的方式回敬,不要视而不见。

三、握手礼

握手在人类社会中起源较早,据说原始人表示友好时,首先亮出自己的手掌,并让对方摸一摸,表示自己手中没有武器。后来渐渐地成为握手礼。

1.握手的方式

正确的握手礼应为:伸出右手,四指并拢,拇指伸开,掌心向内,手的高度大致与对方腰部上方齐平。同时,上身略微前倾,注视着对方,面带微笑,并伴有握手语,常用的握手语有以下几种:

（1）问候型为:"你好!""最近怎么样?""工作还那么忙吗?"

（2）祝贺型为:"恭喜你!""祝贺你!"

（3）关心型为:"辛苦了!""一路很累吧!"

（4）欢迎型为:"欢迎光临!""欢迎你!"

（5）致歉型为:"照顾不周,请多包涵。"

（6）祝福型为:"祝你一帆风顺!""祝你好运!"

2.握手的时间

一般在 3 秒左右。

3.握手的力度

握手的力度要适中,以不使对方感到太紧为宜。

4.握手的顺序

遵守"尊者决定"的原则。

（1）上级与下级握手,应由上级首先伸手。

（2）年长者与年幼者握手,应由年长者先伸手。

（3）长辈与晚辈握手,应由长辈首先伸手。

（4）女士与男士握手,应由女士首先伸手。

（5）已婚者与未婚者握手,应由已婚者先伸手。

（6）社交场合的先至者与后来者握手,应由先至者首先伸手。

（7）主人与客人握手,来访时应由主人首先伸手,离去时应由客人首先伸手。

5.握手的禁忌

（1）握手时忌用左手与他人相握。

（2）握手时忌戴手套与他人相握,女士的装饰手套可例外。

（3）与多人握手时忌交叉相握以及跨门槛握手。

（4）握手时忌用不洁或患有传染性疾病的手与他人相握。

（5）与人握手时忌东张西望,左顾右盼。

（6）不能把手插在兜里,与人相握。

（7）在任何情况下,不要拒绝与他人握手。

四、介绍礼

介绍是人们相互认识,彼此建立友谊的一种社交方式。在人际交往中,无论是采用自我介绍的方式,还是他人介绍的方式,都应遵守必要的礼节。

1.自我介绍

即自己介绍自己,分为主动型自我介绍与被动型自我介绍。在进行自我介绍时,应注意自我介绍的内容,自我介绍的分寸等问题。

（1）自我介绍的内容

确定自我介绍的具体内容,应兼顾实际需要,所处场景,还应具有鲜明的针对性,切不可"千人一面"一概而论。常用形式有:

应酬式的自我介绍,适用于某些公共场合和一般性的社交场合,如旅行途中、聚会、通电话时。应酬式的自我介绍内容最为简洁,往往只包括姓名一项即可。例如:"您好!我叫冯笛。""我是赵洋。"等。

社交式的自我介绍是一种刻意寻求与交往对象进一步交流与沟通,希望对方认识自己、了解自己、与自己建立联系的介绍方式。其内容大体应当包括介绍者的姓名、籍贯、学历、兴趣以及与交往对象的某些熟人的关系等。例如:"我叫杨鸣,东北人,我刚才听见你在唱那英的歌,她是我们东北人,我特喜欢她唱的歌,你也喜欢吗?"

礼仪式的自我介绍,适用于讲座、报告、演出、庆典、仪式等一些正规而隆重的场合。它是一种意在表示对交往对象友好、敬意的自我介绍。礼仪式的自我介绍内容,主要包含姓名、单位、专业等项。介绍时应多加入一些谦辞、敬语。

(2)自我介绍的礼规

进行自我介绍时,对下述几方面的问题必须予以正视,方能使自我介绍恰到好处,不失分寸。在自我介绍时,要注意把握时间,即自我介绍一定要力求简洁,尽可能地节省时间,以半分钟左右为佳。如无特殊情况不要长于1分钟。在自我介绍时,要充满信心和勇气,速度要自然、友善、亲切、随和。自我介绍时,要正视对方双眼,显得胸有成竹,不慌不忙。这样做,有助于自我放松,并使对方对自己产生好感。要避免语气生硬、冷漠、语速过快或过慢、语音含糊不清。

2.他人介绍

为他人介绍又称第三者介绍,它是经第三者为彼此不相识的双方引见、介绍的一种介绍方式。

(1)介绍的顺序

为他人作介绍时,应事先了解双方的基本情况和意愿。并遵循受尊重的一方有权优先了解对方的原则。介绍的顺序通常为:先介绍地位、职务低的,再介绍地位、职务高的;先介绍晚辈后介绍长辈,先介绍男士后介绍女士;先介绍客人后介绍主人。在得体介绍中,主人应按客人到达的先后顺序,先把后到的客人介绍给先到的客人,然后再介绍先到的客人,此处还应根据客人、来宾的职务、身份按次序介绍。

（2）介绍的姿态

向他人作介绍时,应用手掌示意。即无论介绍哪一方,都应当掌心向上,四指并拢,拇指微张,指向被介绍一方,同时眼神要随手势转向被介绍的一方。

（3）被介绍者的表现

听人介绍时,无论哪一方,无论何人何种身份,都应起立示意。目视对方,面带微笑,全神贯注,切勿心不在焉。同时,可以以握手或其他致意形式,边行礼边使用"您好,认识您很高兴。"等礼貌用语。

五、鞠躬礼

鞠躬礼源于中国先秦时代。当时"鞠躬"一词指"弯曲身体"之意,表示一个人谦虚恭敬的姿态。后来才渐渐形成弯身的礼节,称为"鞠躬礼"。鞠躬礼一般多适用于较为正式的场合,下级对上级、晚辈对长辈之间,同时也适宜喜庆或庄重的礼仪。

1.鞠躬的方法

施礼前,应脱帽,身体立正,目光平视对方。行礼时以腰部为轴,上体前倾,目视对方脚尖或地面,双手放于身体的两侧或叠放于体前,施礼的度数,应根据对象和场合来定。一般面对平辈行 15°的鞠躬礼。面对长辈或宾客行 30°的鞠躬礼。表示深深的谢意和歉意时通常行 45°鞠躬礼,参加吊唁活动时对死者应行 90°鞠躬礼。

2.鞠躬礼的礼规

（1）鞠躬时目光应向下看,表示一种谦恭的态度,不可以一面鞠躬一面翻起眼睛看着对方。

（2）鞠躬时，嘴里不能吃东西或叼着香烟。

（3）鞠躬礼毕，双眼应该有礼貌地注视对方。

（4）若是迎面相遇，则在鞠躬后，向右边跨出一步，给对方让路。

上述是从教师职业角度对教师提出的最基本的公众形象要求。教育家指出："教师每天都仿佛蹲在一面镜子里，外面有几百双眼睛在不停地盯着他。"由此可见，教师要特别注意个人形象，教师的一切都对学生起着潜移默化的作用，我们要让自己从内到外都成为学生最完美的偶像。因为教师的责任不仅仅是教书，同时还要育人。

树立教师公众形象应该是每一位教师不断追求的文明风尚。教师要不断提高自身素质，把道德素质与业务素质有机地结合起来，不断注重自身形象的塑造，才能适应新的时代与改革的需要。

第三章　教师应具备的素质

学生是有生命力的个体,他们会思考、会辨别,要想成为他们的朋友,我们的老师首先要从自身着手,注重自身素质的培养,以内在的人格魅力吸引学生,让他们做自己的朋友。教师素质包括很多方面,有师德素质、专业素质、心理素质、人格修养等,教师应该不断努力,去加强自己这些方面的素质。

良好的师德

教师历来被树立为人类灵魂的工程师。顾名思义,教师不仅是传道授业的人,更是人类灵魂的缔造者。因此,教师的形象不仅表现在学业上,更体现在行为上。师德素质良好的老师往往更受同学们的欢迎,自然而然就更容易成为学生的朋友。

"春蚕到死丝方尽,蜡炬成灰泪始干。"人们往往用它来比喻那些默默无闻地辛勤耕耘着的教师,可要成为一名受学生爱戴的优秀教师,光靠埋头苦干是不行的,必须是勤于叩响学生心灵大门,巧于走进学生内心,善于引导学生想法的"能工巧匠"。

《意林》中有这样一个故事:

一个贪玩的小女孩把自己的小狗带入了一家严禁带狗的商场。当她看到二楼的提示牌时,保安已经向她走来,她忐忑不安地等待着"暴风骤雨"的来临。而这位保安叔叔并没有批评她,而是对着她的小狗说:"宝贝,你怎么糊涂了,我们这是不允许小狗带小女孩进来的,不过既然来了,我也就不为难你,等你离开时千万记住把小女孩带走!"小女孩不好意思地笑了。

从这个故事中,我们可以深深地感受到,同样是批评,为何不能换一种方式,温和地表达呢?学生还是孩子,自制力差,课堂上经常说话、做小动作等,狠狠地批评一顿,安静还不到 5 分钟,老毛病就又犯了。

有良好师德的教师不如改变一下教育策略,逐渐用善意的批评代替粗暴的批评,让同学们感受到批评也可以是甜甜的。比如:孩子们课堂上爱说话,就可以微笑着对他们说:"嘘,大家安静下来,竖起耳朵听,你们的小嘴巴在诉苦呢:'我好累呀,我的小主人一刻也不让我休息,真后悔长在他的脸上。我都不想做他的朋友了。'同学们,你们爱你的朋友吗?""爱。""那就让他该休息时就休息,这样才是爱朋友。"教室里立刻安静下来。同样是批评,收到的效果却截然相反。

下面是一个小学生的自述:

在我身边有这样一位老师——王老师,她没什么豪言壮语,也没什么轰轰烈烈的伟大事迹,但从她身上我却看到了作为一名教师的优良品质。王老师是个非常爱孩子的人,很少严厉地批评过谁,她性格非常温和,说话总是很温柔,就连批评孩子的口气都柔柔的,但调皮的孩子听了也会难过得掉下眼泪,因为他们知道王老师说得非常有道理。

从这位小学生的自述中我们可以看到,高尚的师德是朴素的,它不仅没有闪闪的金光,而且朴素得不着痕迹,就像春天的小雨,无声无息地飘落下来,滋润着学生的心。

有良好师德的教师是学生心目中的榜样,是他们模仿和学习的对象。那么,教师应该怎样加强自己的师德素质呢?最重要的,是要用"爱"去感染学生。"爱"是沟通师生心灵之间的桥梁,是教书育人的基础。

"育苗有志闲逸少,润物无声辛劳多。"教师能够尝尽酸甜苦辣,深刻体会到教师的光荣所在。当然,要想成为一名具有良好师德素质的教师,就要爱岗敬业、热爱学生,爱得专心致志、爱得无私无畏,有教无类、爱满天下,把整个心灵献给孩子们,"德高为师,身正为范"。

1."爱"是"泛爱"而不是偏爱

教师对学生的爱,应是一种职业情感,不是个人情感,故而师爱是"泛爱",而不能是"偏爱"。教师对学生的爱应是职业的、无私的、公正的,是面向全体学生的爱,而不是一部分学生,也就是说教师无论教哪个班级,无论所教学生是优是劣、是贫是富,都应一视同仁,待之以爱,不能随个人喜好、利益来选择,否则就不是"师爱"更谈不上"师德"。由于学生各自的心理及成长环境不同,呈现在教师面前的形象也就千差万别,特别是学生家长的社会地位、身份地位及职业各不相同,教师更应一碗水端平,坚持平等对待原则,切不可受那些外界因素影响而左右自己的观点、态度。

下面是一位小学老师的自述:

课上,孩子们都在专心致志地做着手工,今天大家做的是漂亮的纸杯花——用纸杯的底做花儿的笑脸,用彩纸剪出造型各异的花瓣,粘贴在"笑脸"的四周。

我照例在教室中巡视,看见有孩子需要帮忙,就上前辅导一下,或者示范一下。

巡视到同事某老师女儿的课桌边,我发现小丫头摆弄着剪刀陷入了困境。她正在剪"笑脸"边上的那圈"齿轮",那是制作的难点,不光需要孩子手眼协调,还得左右手配合,一只手握着剪刀剪,另一只手捏着"笑脸"配合着转动。不少孩子都在这个环节上犯难,不是使唤不了剪刀,就是剪出了一个个"豁齿轮"——硬生生地把齿轮给剪除了。眼前这小丫头就是,剪了上一刀,下一刀却无从下手了。

看见她愁眉紧锁,我弯下腰,伸手接过了她手里的制作工具,一边给她讲解,一边演示给她看。

"老师,你为什么帮她做呀?"一个尖尖细细的声音从身旁传来。扭头一看,是坐在前面的那个女生,她转过身子,眨巴着眼睛看着我们,嘴里还在嘟囔:"我知道她爸爸是我们学校的老师……"

听着这话,我心头猛然一紧,哟,我不经意的"偏心"竟然逃不过孩子的眼睛!

老师的一举一动,学生们都是看在眼里、记在心上的,偏心不得!

2."爱"是"严爱"而不是"溺爱"

教师对学生的情感是道德情感,而不是私人情感,出于教书育人的目的,对学生的爱应是"严慈相济",也就是说既要有母爱的纯真、慈祥,又要有父爱的严格、庄重,在态度上和蔼、严肃,行动上严格要求、细心关怀。

3.爱学生要尊重、信任学生

对学生尊重、信任应是为师执教应有的态度和行为,这是为师最为基本的职业道德亦即"师德"。在正常的社会交往中,相互尊重、相互信任,是人对人应有的基本行为准则,教师对学生尊重、信任也只不过是人对人应有的基本态度和行为准则而已。即使不做教师,这也是为人处世应有的道德修养,对教师而言更应如此。假使缺乏对学生的尊重信任,不仅不能为师,而且也不是一个有完整道德修养的社会人。从这一层面上来讲,在具体的教育活动中,教师对学生的任何不尊重,都应受到谴责。因为这种态度和行为,没有把学生当作一个有独立人格尊严、有为人权利的人来看待,而是损害践踏了他们为人的尊严及权利,是对学生人格的漠视和身心的损害。

当然,尊重、信任学生并不是放弃对学生的批评教育,假使那样,又变成了放任。尊重、信任学生要求可以批评教育学生,但不能污辱学生的人格,不能漠视学生应有的权利。漠视或污辱学生人格尊严,不仅是不道德的,而且还会带来学生的畸形发展。因为在漠视和污辱中成长的人难以有做人的尊严,既学不会尊重人,也不会自尊,心灵麻木,自尊丧失,为师之人,倘使是这样一种情形的话,敢问师德何在?良心何在?

热爱学生是教师最基本的行为准则,是师德范畴的一项重要内容。教育学生是个艰巨的灵魂、性格塑造工程,作为一名人类灵魂的工程师,在培养教育学生的过程中,"要小心翼翼地培养人,要像园丁栽培心爱的花木一样。"

4.用规范的言行、奉献的人格,净化塑造每个学生的心灵

"无德无以为师。"真正优秀的教师,一定是以身作则、率先垂范的人。他对祖国的爱,对学生的爱,对事业和未来的爱,都表现在他对自己的高标准严要求的落实上。率先垂范就是对学生真正负责,就是潜移默

化、影响深远的教育。

学生在日常生活中接触最多的除了父母长辈等家庭成员之外，就要数教师了。教师必须处处、时时、事事、言言、行行，严格要求自己。教师在学生的心目中是高大的、可信赖的，可见教师言行的好与坏都会给学生留下深刻的印象，并起着潜移默化的作用。所以，为师者必须时刻以"德高为师，身正为范"这八个字提醒自己。

有的教师在课前不认真备课，上课时应付了事，甚至课上传授了一些错误的知识，或做一些模棱两可的解释，而后又不肯拉下脸皮向学生认错，将错就错，最后损害的是教师的形象，是教师的威信。相反，若能知错就改，学生不但不会嘲笑你，而会更尊敬你，大大增强了你的威信。

论语有云："其身正，不令则行；其身不正，虽令不从。"垂范师德不是一朝之功，而是时时之事、处处之事。如果教师在学校教育学生要尊老爱幼，而自己在实际生活中却并没有为学生树立起榜样，试问：教师尚且做不到，又有什么理由去教育学生呢？教师只有规范自己的言行，做到为人师表，才会使学生如沐春风般地受到教育，使每个学生的心灵得到净化，教师自然也会赢得学生的尊重和爱戴。

身为教师，我们不能把教书育人降低到只传授知识的层面上。我们有责任、有义务从现在做起，从自身做起，通过学习，不断地在思想上、政治上、文化上充实自己，努力提高自己的从教素质。以无私奉献的精神去感染学生，以渊博的知识去培育学生，以科学的方法去引导学生，以真诚的爱心去温暖学生，以高尚的师德去影响学生，用健全的人格去塑造学生的美好心灵，影响一代又一代的学生，真正成为一名优秀的人民教师，真正成为学生的良师益友。

过硬的专业素质

教师的天职是教书育人,合理的知识结构、渊博的知识是教师完成工作的基础,是一名优秀教师的必备条件。没有过硬的专业素质,教师不可能成为学生们钦佩的对象,也就很难成为学生的朋友。

中小学教师专业素质主要表现在以下几个方面:

1.端正的工作态度

态度决定一切,细节决定成败。教师对工作是否有积极的态度,是否有强烈的事业心、责任感,对工作是否有激情是取得成功的前提条件。

首先,教师要有强烈的责任意识。

教师的教育行为至少要面临三项责任:一是岗位责任。就是要爱岗敬业,教书育人,为人师表,这是教师的职业特征。二是社会责任。家长把子女送到学校,就是把家庭的美好希望,都寄托给了学校,教师有责任和义务,把学生教育好、保护好、培养好,有责任让家长放心、满意,有责任促进教育公平,构建和谐社会。三是国家责任。我国是拥有 14 亿多人口的大国,"落后就要挨打"的沉痛教训和现代化宏伟目标,都要求将沉重的人口负担,转化为巨大的人力资源,这个转化工作需要教育来承担,这也是广大教师和教育工作者,对整个中华民族的未来,肩负的责任和义务。

其次,教师要有无私奉献的精神。

教师的工作是繁杂的,不只是限于工作上的 8 小时,工作充斥着教师的整个生活之中,如果教师没有奉献精神,是做不好这项工作的。教师的工作又是精细的,它需要教师事无巨细、面面俱到,它还需要教师要有无私奉献的爱心,既要了解学生的爱好、才能、个性特点和他们的精神世界,又要公平、公正地对待所有学生,尊重他们的人格和创造精神,与他们平等相处,走进学生的内心世界,用自己的信任与关切,激发他们强烈的求知欲望和创造欲望。

2.正确的教育观念

教师在教育活动中,首先要树立正确的教育理念,即要树立以人为本的教育理念,培养学生的人文精神,发展学生的个性特长,塑造学生的完美人格,为学生终身发展打下坚实的基础。其次,要树立正确的教师观:教师不只是"教书匠",更是学生学会做人的引领者;不只是知识的传授者,更应该是学习的组织者、促进者;不只是教育工作者,还应该是教育规律的研究者。第三,要树立正确学生观:学生是发展的个体,是可以塑造的人,他们是具有独立的思想、观点的人,是学习的主体和责权的主体。第四,要树立正确的教师行为观:在处理师生问题上,不能强调"师道尊严",而要强调民主、平等、尊重和赞赏;在对待自我上,要常常反思,每日"三省吾身";在对待同行上,要相互学习、取长补短、要相互合作、共谋发展。第五,要树立正确的教学观:教学过程不只是单一的教师教、学生学的过程,而是教师对学生的帮助与引导,师生交流、情感互动、共同发展的过程;教育过程不仅要重结论,更要重过程,通过积极的活动激发学生的兴趣,达到开发学生的思维和培养学生能力的目的。

3.广博的学识

教师既要有广博的知识,又要通晓基本的社会科学、自然科学的知识,做到博学多才。实施素质教育,培养学生的综合素质和创新能力,教师的博学多才是至关重要的。

首先,教师要精通自己所教的学科,具有扎实而渊博的知识。

马卡连柯说过:"学生可以原谅老师的严厉、刻板,甚至是吹毛求疵,但不能原谅他的不学无术。"苏霍姆林斯基也指出:"只有教师的知识面比学校教学大纲宽广得多,他才能成为教学过程中的能工巧匠。"对每一个教师来说,不仅要熟悉所教教材的基本内容,形成完整的知识体系,还要加强进修和不断学习,跟踪学科的学术动态,了解新观点,掌握新信息和新技能,不断更新知识,站在学科前沿,实现教师由经验型向科研型转化。

其次,教师应该博学多才。

作为一个教师,跟其他的专家不同,他需要掌握各方面的知识,力争"样样通"。一个知识面不广的教师很难给学生以人格的感召。学生年龄越小,他们对教师的期望就越大,他们常常把教师当成百科全书,在他们眼中,教师是无所不知、无所不晓的,如果教师一问三不知,或者经常被问住,学生会非常失望,对教师的信任度和崇拜程度将会大大降低,也将直接影响教师的教育教学效果。因此,教师要勤于学习,不断完善和充实自我,做一个知识渊博的老师。

下面是一个学生对其地理老师——田老师的一段描述:

有的时候上着课,田老师会眯着一笑就成线的眼睛,突然冒出一句石破天惊的话语。比如眼看着课上到二十多分钟,到了困倦高发期,田老师平静地指着教室后面说:"我看到你们班有《大百科全书》,那里面的900个词条就是我出的啊。"顿时整个教室的气氛如同狂风席卷过一般热烈,惊叹声、佩服声,声声入耳,后来谁也不会打瞌睡了。再比如,他曾一边拍着身上的粉笔灰一边说:"我练了几十年的武……还出了一套盘。"大家才在惊叹声中明白为什么田老师年龄不小还高大而健壮,头发也乌黑油亮的原因。田老师总是这样平静地讲着让我们听得两眼发光的过去,然后转身趁我们精神振作时,继续动情地讲"地转偏向力与风向"的关系。

这样一个博学多才的教师,想不让学生喜欢都难!

最后,教师应具备教育科学的理论修养。

科学地教学需要科学的理论指导,教师要较好地实施素质教育,就必须要掌握好教育学、心理学和学科教学法的理论基础知识,教师不仅要懂得教什么,还要知道怎么教,以及为什么这么教,用科学的理论去指导自己的教学实践,会取得事半功倍的效果。

4.教育教学能力

教育教学能力是教师应具备的最基本的、也是最根本的能力素质。它要求教师能根据教育教学内容和学生的实际,遵循教育教学应有的规律以及学生发展的规律,运用恰当的方式方法,组织好教育教学活动,达到理想的效果。

(1)良好的言语表达能力。

言语是教师用以向学生传授知识最经常、最重要的形式。言语表达能力是教师教育才能的重要组成部分之一。每个教师都应该自觉地注重自己的言语能力的训练,以使自己的言语达到准确通俗。在遣词造句上,教师选用的词语应该能够确切地表达自己的思想情感,做到既合乎语言规范,又通俗易懂;教师所教的任何一门学科都有其概念、定律和论证的体系,是一个前后连贯的整体,教师的语言必须做到概念明确、判断准确、推理和论证严密。

教师良好的言语表达能力并非生而有之,也非一朝一夕可得。它要求教师在拥有丰富词汇储备、掌握语法的规律的基础上不断地训练、不断地发展。

(2)较强的创新能力。

教师要想更好地完成教学任务,不能被动地等待运用别人的研究成果,或者生硬地照搬照学,而应该以研究者的心态,置身于自己的教育教学活动中去,认真分析教育教学中出现的各种问题,反思自己的教育教学行为,对出现的问题进行探究,找出新的解决方法。同时依据时代要求,善于吸收最新的教育科研成果,并把它创新地应用于自己的教育教学实践中,最大限度地提高课堂教育教学效率。教师的创新包括:独到的见解、新颖的教学方法、创新的思维、凸显的个性、探索的精神、民主的意识,等等。教师只有具有创新意识和创新能力,才会持续地发展,教育教学水平才会稳步地提高。

（3）较强的组织能力。

组织能力是一名教师取得教育和教学成功的有力保证。缺乏组织能力的教师，无论其知识如何广博，都难以完成教育教学任务。较强的组织能力又包括教学组织能力和课外活动组织能力。

教学组织能力是指教师能激发学生学习兴趣，集中学生的注意力，灵活调节教学过程，活跃课堂教学气氛，控制教学环境，引导学生积极思维，发展学生的创新能力，维护课堂秩序，处理课堂突发事件等。

学生所接受的教育活动，不仅仅局限于课堂，很多时候，需要走出去，参加类似于讲座、讲演、展览、表演、制作、考察、竞赛、社会实践活动等，教师应有能力组织并指导这些活动，使之形成人人参与、自己动手、发挥特长、凸显个性的开放式学习氛围。

（4）较强的教研能力。

教师不仅仅是"教书匠"，更应成为教书育人的专家，成为教育教学研究的复合型人才，教研能力也是教师应具备的基本素质之一。

把教学和教研结合起来，对自己积累的经验进行总结，使其理论升华，成为规律性的共识。对教学中出现的种种问题，进行理论研究以及进而探索和发现新的教学规律、教学方法和教学模式。学术研究能力是最重要的教学研究能力。当前，大多数教师的教研停滞在对教材的分析、教法的探讨、教具的使用、考试的研究以及限于一些教学技巧和教学经验的陈述等方面，而对于教学理论的研究相对薄弱，缺乏对教学创造性的思考，也缺乏批判的精神。教师只有由教育型向学者型转变，才能适应知识经济时代的挑战和素质教育的需求。

（5）较强的现代信息技术整合能力。

随着知识经济时代的到来，教育信息化进程的深入，要求教师在教育教学过程中，掌握和运用计算机、多媒体和网络通信为基础的现代信息技术，整合其教育资源，进而促进教育教学改革，从而适应信息化社会提出的新要求。

现代教师必须具备现代信息技术和资源的整合能力：一方面，要具有高效获取，批判性吸收、存储，创造性地使用现代信息技术资源的能力，更新自己的知识结构，以适应知识成倍增长和当前素质教育的需求；另一方面，要有整合现代信息技术与课程改革的能力，逐步实现教学内容的呈现方式、学生学习方式，以及教学过程中的师生互动方式、教学信息反馈方式的变革，最大限度地提高课堂教学效率。

诚然，作为一名合格的教师，还要做到很多很多，如胸襟宽阔、为人真诚、乐于助人、具有合作精神、敢于挑战自我，等等。教师只要能坚持不懈、认真地完善自我，用一腔爱生、敬业的热血，不断加强自己的专业素质，去做好教育工作，就会成为受学生欢迎的教师。

优秀的心理素质

心理素质是人的整体素质的组成部分。一个人的心理素质是在先天素质的基础上,经过后天的环境与教育的影响而逐步形成的。心理素质包括人的认识能力、情绪和情感品质、意志品质、气质和性格等个性品质诸方面。

教师要想和学生成为朋友,应该具备优秀的心理素质。

那么,教师应具有哪些优秀的心理素质呢?

1.认知素质

认知素质包括感觉、知觉、记忆、思维、想象等认识结构、智力水平和认知方法。在现代科技迅速发展,社会进入信息化、智能化、国际化的今天,教育工作对教师提出了新的要求。教师的职责,从只是向学生传授知识变为要教会学生自己学习知识,并加以创新,激励学生真正成长为一个"社会人"。因此,认知素质是当代教师必须具备的心理素质之一。

下面是一个中学生的回忆:

记得小学时候,我们有一位语文老师姓刘,她的教学水平很高,微机(课件)设计得也很好,不过我们班那时学习太差了,好像是倒数,老师不知疲倦地为我们补习功课,牺牲了自己的休息时间,却毫无怨言。她制作的课件栩栩如生。比如上《桂林山水》时,她用那神奇的电脑领我们免费游览了美丽的桂林山水。象牙山、漓江水让我们身临其境;学《凡卡》时,她让我们穿越时空隧道来到数十年前和凡卡一起共受苦、同患难,让我们领会到那个社会中儿童生活的悲惨。此外,老师还带领我们和孙悟空一起大闹天宫,一起去取经,经历磨难,用机智战胜妖魔鬼怪……

可以想象,这位刘老师如果不具备很高的认知素质,又如何将枯燥的内容以生动的形式展现在学生面前呢?

2.情感素质

热爱学生是教师的天职,爱即师魂。"动之以情深于父母,晓之以理细于雨丝",这一情感原则要求我们的教师以母亲般的情怀,全身心地投入到教书育人的工作中去。正缘于此,诸如体罚、变相体罚、辱骂学生等违反师德的言行,决不会在具有健康情感素质的教师身上发生。

热爱生活、热爱事业、热爱学生的教师,自身才可能充实,情感才可能丰富,心理才可能健康。在工作中,教师除了具有忘我的态度外,更应充满理智,全面妥善地处理各种关系,面对现实,脚踏实地,努力去营建一种良好的环境和气氛,充分发挥自己的潜力,尽心尽力地促进学生的健康成长,同时也要注意自身的提高和完善。

下面是一个真实的故事:

10年前,大巴山深处有一所学校。整个学校只有一间茅屋搭成的教室,只有一个班级,也只有一个老师。班上有13名学生,那位乡村老师将他们从一年级教起,一直教到六年级。

然而,就在小学快毕业的时候,不幸的事发生了。

有个放牛娃在山上玩火,不小心把茅屋教室给引燃了。等大家发现时,大火已经快封住了教室门。

教室里的13名乡下娃子都乱了套,但那位乡村教师却比以往任何时候都镇静。他一面叫孩子们不要慌张,一面将被大火围困的孩子一个个往外背。大火已将窄窄的木门完全封住,老师的衣服、头发和胡子全都烧焦了。但他并没有放弃。到最后,教室里只剩下两名女同学。

老师再一次冲进火海,那两名女同学正坐在教室里哇哇大哭。老师看了她们俩一眼,最后咬咬牙,背起其中一个就往外冲。

烧得通红的门框呼的一声砸下,将老师砸了一个跟跄,但他最后还是背着那个女孩从大火中爬了出来。

他把那个女孩背到安全地带,然后又急急地冲进了早已变成火海的教室。就在这时,轰的一声,教室烧塌了。老师和最后那名学生再也没有出来……

后来,大家知道,最后那名学生,正是老师的女儿。

师爱的伟大毋庸置疑,教师优秀的情感素质是其职业使命的保证。

3.意志素质

意志素质是人们自我监督、自我命令、自我激励、自我调节、自我控制的能力。它反映在有意识地调节行动、克服困难、实现预定目标的整个过程中。教师的意志素质,指教师为达到一定的教育目标或目的而迸发出的心理动力和耐力。教育教学工作的复杂性、反复性和长周期性,要求为人之师具有耐心、沉着和坚韧的品质,有面对难题加以解决的勇气和能力。

下面是一位中学教师的工作反思节选:

在长期的教学实践中,我深刻体会到,"教过"不等于"教会","教过"容易做到,每天总要上课下课,40分钟时间不会停留,而要教会每个学生,绝非易事,非要把心扑在上面不可。学生的基础不一样,思想、性格、智力、兴趣、家庭情况、周围环境不一样,每一个学生都是一个生动活泼的"艺术品",想把他们教会,得精心塑造、不怕困难。就以使用标点符号来说吧,这在小学已基本教过,但不少学生仍用得比较乱。我曾教过一名学生,作业、作文从不使用标点符号,一次次谈心,一次次个别辅导,反反复复,好不容易才纠正。原来其中有我教学不得法的问题,有对学生了解得不深入的问题,当然也有学生的认识问题、习惯问题。由此我领悟到,教过不等于教会,教会是很难的。有时,我几乎是手把手地教,恨不得把心掏出来,可有的同学还是不会。这说明自己还没有对准钥匙口,还没有把锁开对,要想方设法动脑筋,使学生开窍。要经常变换位置,设身处地为学生想想,我们自己学点知识、学点本领,也是极其不易的,要是教学不难的话,要我们教师干什么呢?教师要在克服困难中磨炼自己的意志。

4.个性素质

性格是个性素质的核心部分。教师应该保持积极乐观的人生态度、开朗豁达的良好性格、对己对人的宽容精神。教育过程自始至终就是一个人与人之间相互作用、相互影响的过程。教师应用自己的榜样教育学生，以自己的性格塑造学生的性格。教师要求学生遵守纪律，不迟到不早退，那么自己也要按时出现在教室里，站在讲台上，其身教的作用不言而喻；教师要求学生诚实守信，勇于自我批评，那么，自己做事情哪怕只是稍有不妥，也要敢于面对学生做检讨，其威信就会有增无减。教师以自己的行为对学生施加影响，在示范中将对学生的心灵产生强烈的震撼，从而形成鲜明感情色彩的意识导向。可见，其性格魅力的影响何等深远。在强调素质教育的今天，良好的性格特征，完善的个性品质，就不仅仅是教师个人的"洁身自好"，而且还是教师使命的内涵，更是时代的呼唤。

那么教师如何拥有优秀的心理素质呢？教师心理问题是在外界压力和自身心理素质的互动下形成的。外界原因是客观性的、普遍性的或不可控的；自身原因是主观性的，是可控的。因此，教师的优秀心理状态主要是在自我调节中形成的。

首先，教师要建立自我心理保健的主体意识，积极调节职业态度。

教师要建立和增强自我心理保健意识，提高对心理健康的重要性的认识，要善待自己，关心和帮助自己，主动维护和增进心理健康，积极地进行自我调节，培养工作兴趣，改善工作态度。照本宣科，必然枯燥乏味，教师为了改进教学方法、提高教学质量而努力钻研教育教学工作，不但可以提高工作效率，而且也会充分体验到事业的成功和乐趣。

其次，建立情绪预报系统。

情绪预报系统可帮助我们随时了解自我情绪状态，避免破坏性心理和行为产生。具体步骤是：

第一步，找出自己出现负面情绪时身体、思想和行为三方面常伴随出现的信号，如心烦、注意力不集中、不想工作等。

第二步，为自己选定一个信号标志，如一个茶杯、一本书等，尝试视、听、感觉这一信号标志的存在，练习数次直到能轻易在头脑中提取。

第三步，通过想象逐一出现自己产生负面情绪时的各种信号，再将之一一与选定的信号标志联系，练习数次使这种联系固定下来。

再次，准确认识自我。

认识自我，包括自己的个性、兴趣、优缺点、工作能力及所扮演的角色，从而为自己准确定位。不少教师在工作中感受到巨大压力的主要原因就是对自己缺乏了解，教学工作不能从实际需要出发，目标定得太高或者过于理想化。此外，教师要充分发挥自己的个性优势，在工作中扬长避短。

最后，建立良好的人际关系。

和谐、良好的人际关系常常使人感到快乐与幸福，产生鼓舞人的斗志、振奋人的精神，使之奋发向上、开拓进取，这正是工作顺利开展的重要保证之一。相反，如果人与人之间没有了友情，没有了团结，没有了合作，没有了相互帮助，只能使人的思想颓废、意志消沉、精神麻木，甚至行为反动。

总而言之，优秀的心理素质对一位教师来说至关重要，它不仅仅会影响到教学效果，还会影响到学生对教师的看法。

充满魅力的人格修养

教师的人格修养,所体现的是身为一名光荣的教师的精神面貌,更是身为教师所展现在全体学生面前的人格魅力。简单地说,教师人格修养的好坏,不但直接影响到自身事业的成败,关系教育事业的整体发展,更直接影响到学生人格的形成。所以说,教师人格修养的意义是重大的,它关系到教师能否真正和学生成为真挚的朋友。

教师们也许会经常听到学生议论,说他们喜欢某位教师,听课兴致高;不喜欢某位教师,听课时老是昏昏欲睡。事实上,能否赢得学生尊重和爱戴,不是单方面因素决定的,教师的学识、能力、性情、品德修养等综合素质熔铸成其人格,这是一位教师吸引学生的主要源泉。

教师是人类文化、科学知识和社会思想、道德风尚的传递者,是继承和发扬人类文明的桥梁,是后一代的培养者。从某种意义上而言,教师人格力量对学生的影响程度已经远远超过他们的专业知识对学生的影响程度。一个拥有高尚人格的教师,往往是学生们最喜欢的教师;而这样的教师在教学过程中也常常感受到职业带给自己的快乐和崇高感。教师的人格渗透于教师劳动的全过程,作用于学生的心灵,直接或间接影响着教育效果。一个拥有高尚人格的教师,往往能在学生的心灵深处留下难以磨灭的印记,并让学生终身受益。

那么,人格修养充满魅力的教师是什么样的呢?

主要包括如下 7 个方面:

1.崇高的思想品德

中小学生世界观尚未定型,可塑性强,教师在此扮演着偶像和效仿的榜样的角色,其思想素质无疑在无形中会给学生以影响。因此,教师崇高的思想品德对学生优秀思想品德的形成起着重要的作用。

2.良好的职业道德

一个优秀的教师不仅品德高尚,而且要有着良好的职业道德。首先,他(她)应该充满爱,关心爱护学生,不歧视、辱骂、体罚学生,这样的教师可敬可亲,学生才会愿意跟着学,也才学得好。其次,他(她)应该有强烈的事业心和责任感,对工作总是一丝不苟、精益求精、爱岗敬业、乐于奉献,这同样会给学生以影响和感染,使本来一心向善的学生更增添了动力。

我国人民教育家、原延安大学校长李敷仁,很注重"为人师表""以身作则"。1947 年 8 月 16 日,李敷仁带领延安大学师生住在黄河岸边的木头峪时,蒋胡(指胡宗南)的军队从三面开来,上级命令沿大河向东转移。但当时木头峪渡口渡船很少,人员、物资和牲口聚集很多,敌军迫近,师生情绪紧张,争着抢渡船。李敷仁毫不慌张,命令高中部和教育班先渡河,然后又组织其他师生住宿等待。有人关切地让他先上船,他说:"我要最后过河,我要看着把每个学生送过河去,我才上船!"第二天,李敷仁带领其余师生,沿河北上,到谭家坪才乘船过了黄河。

其实,像李敷仁先生这样的教师不胜枚举,在 2008 年的汶川大地震中,许多教师就是在那瞬间的生死抉择中选择保护自己的学生,这就是作为教师的良好职业道德的体现。

3.文明的言谈举止

教师的一言一行都是教师内在素养的外在体现,给学生以潜移默化的影响,而学生也正是通过这一点来了解教师的思想。"桃李不言,下自成蹊",教师注重修养,注意言行,处处给学生做出表率,言教辅以身教,学生受到影响,其不良行为和习惯将受到约束并得到改正。

4.善良和慈爱

这样的教师会善待每一个学生,不会因为学习成绩的好坏与家庭背景的不同高看或歧视某些学生。在他们心里,教好每一个学生是教师的天职。

下面是一个小学生的作文节选：

在头几天里，我班几个调皮的同学就没给新来的班主任——张老师好脸色看，不是上课讲话，就是到处惹麻烦。我本以为张老师会狠狠地给他们个下马威，谁知张老师却利用课余时间跟他们谈心，倾听他们的想法和建议，耐心地跟他们交流，使他们从内心真正认识到了自己的错误。几个月过去了，这些调皮的同学一个个像变了个人似的。

张老师工作非常认真负责，每天早上早早地来到教室，组织我们晨读和晨练。平时，她不像其他老师那样每节课讲很多，她很注重培养我们的自学能力。每节课只是抓住课文的重点部分和难以理解的讲，剩下的时间就引导我们自己分析、理解和完成练习，不懂的问题我们可以在课堂上及时提出来一起讨论，这使我们的语文水平都有了明显的进步。

张老师不仅在工作上认真负责，而且在生活上关爱着每个同学。最近，班上一位同学病了，张老师不顾工作的繁忙、身体的劳累，大老远地跑到医院看望他，没有过多的话语，却使这位同学感到了老师对他的胜似母亲的关爱。

这位张老师，是多么的慈爱和善良啊！

5.对学生的信任和宽容

这样的教师表现为:在课堂上他们不是一味灌输,包办代替,而是把学习的主动权交给学生,让学生在探索之中享受成功。他们是指导者和引路人,从不把学生看作知识的容器和考试的机器,他们相信学生的能力,并想方设法锻炼提高学生的能力。

6.对事业的忠诚

人格修养充满魅力的教师不是仅仅把教书看成谋生的手段,而是毫无私心杂念地投身其中,以教书育人为崇高的职责,并能从中享受到人生的乐趣。他们以自己的真诚去换取学生的真诚,以自己的正直去构筑学生的正直,以自己的纯洁去塑造学生的纯洁,以自己人性的美好去描绘学生人性的美好,以自己高尚的品德去培养学生高尚的品德。他们是最能以身作则的人。

7.从不满足的执着精神

这样的教师始终用胜不骄、败不馁的形象去感召学生追求卓越。在挫折和困难面前,他们是当之无愧的强者。他们不会陶醉于成功之中而不思进取,更不会沉溺于暂时失败的痛苦中不能自拔。他们会反思,并从反思中获得宝贵的经验教训,确立新的奋斗方向和目标,用勤奋和智慧浇灌出更丰硕的成果。

教师良好的人格修养必然促进学生主动发展,也必然会得到学生们的亲近和爱戴。那么,作为教师该如何塑造自身的健全人格、提升人格修养呢?

1.正确认知自我

自我认知的一个很重要的内容就是了解自己的性格和气质,因为不同的性格和气质对学生的影响是有差异的。

教师的良好性格表现为热情开朗、精神饱满、耐心细致、沉着冷静、温和宽厚、心地善良等。具有这些特征的教师不管学生出现什么情况,都能镇定自若、从容不迫,以极大的耐心做好工作。教师的不良性格则表现为抑郁、孤僻、冷漠粗暴、喜怒无常、交往性差等。性格暴躁的教师易发脾气,为了一点小事就会大动肝火,使学生高度紧张,产生极大焦虑,这不仅是对学生心灵的伤害,严重的会引起教师自己神经系统的疾病。

2.对学生通情、理解、尊重

有人这样透视教师的宽容,很值得思考:教师只有对学生的内心深入的宽容,为学生提供充分表达自己的机会和空间,才能有针对性地进行有效的教育,并培养他们的判断是非的能力;教师对学生思维方式的宽容,可以激发学生的个性思想火花,培养创造精神;教师对学生特殊行为方式的宽容,就是尊重个性发展特点,使学生在宽松自由的环境中展示自我、发展自我;教师对学生情感的宽容,就是对学生人格的尊重。

尊重学生还要学会欣赏学生,特别是对那些学习基础差、纪律松散的学生更要努力发现他们身上的闪光点,并把这些闪光点放大,让每个学生都有展示自己才华的机会,让每个学生都在成就感中获得自信。

3.恰当管理和调适自己的情绪

每一个人都希望得到掌声、得到表扬。如人的情绪浮动时,总是想要发泄的,有的会发展为破坏性行为。

师生间发生矛盾的主要原因,大多是教师不善于管理和调适自己的情绪,处理失当,学生不服。因此,教师要善于把握自己的情绪,不让情绪左右教育教学工作,同时,要善于调适教育对象,不让学生的情绪左右教师的实践。

总之,实践告诉我们:要想做一个成功的教师,首先要做一个有高尚人格的人。在平时的学习、工作中,教师一方面要系统地学习一些正确的价值观、人生观、世界观等理论知识,加强教师自身的人格素养;另一方面通过幻灯、投影、录音、电影等多样化的教学手段,播放一些价值取向很明确的、生动形象的故事资料、实况录像、人物传记,让学生耳闻目睹一些中华民族传统人格中的积极因子:明是非,讲气节,知廉耻,重操守,守信义;富贵不能淫,贫贱不能移,威武不能屈等等。身教重于言教,在平日的教育教学中,教师要不断完善自己的人格修养,启迪学生要全身心地投入学习,使学生自身人格得到充分的发展。

努力地培养自身的素质,用自己健全、独特的人格魅力来影响和教育学生,使学生成为自己的朋友,是每一个教师义不容辞的责任。

第四章 尊重学生的重要性

尊重是人与人之间真诚相处的前提条件,人们渴望获得尊重,孩子们也同样希望获得尊重。老师要想和学生成为好朋友,就必须懂得尊重学生的重要性,如果一个老师不能理解、尊重学生,而是总爱给学生贴标签,对学生进行侮辱等,是无论怎样努力都无法成为学生的朋友的。

理解是沟通的桥梁

理解是老师与学生沟通的桥梁。如果一个老师不能理解自己的学生，那就很难谈到尊重，更别说要做学生的朋友了。

那么，老师理解学生，应该怎么做呢？

1.老师要接纳学生

学生需要受到老师的关注，并且希望老师站在他们的立场上。这里的接纳以尊重、肯定、关注、理解、公平、敏感和温暖为基础，意味着承认并且赞赏学生的内在价值。这并不是说老师必须要喜欢每个学生，但必须要无条件地接纳每个学生，因为每个学生都有其固有的价值。被无条件接纳的学生，即便是在进步缓慢或犯错误的时候也会觉得自己被别人需要，对别人有价值。老师可以通过自己的行为和语言表现出一些接纳的信息。如应该多抽一些课外时间与学生一起活动，了解并关心他们的生活，利用"最近感觉怎么样""你可以表达你自己的想法和感觉"等这些简单的话语让学生清楚地知道他们在教师生活中是重要的一部分。告诉学生老师关心他们，用"我真的很高兴能和你在一起"这些话帮助学生感受到与老师之间的联系。

某校五年级有一名学生叫张伟，学习成绩不突出的他总是认为自己一无是处。一次自习课后，老师在班上大声说："同学们注意到没有，张伟总是能认真上自习，我为他感到高兴。"听了老师的话，张伟别提有多高兴了，从此以后，他更加努力、认真地学习。

有时候，一个真诚的微笑也足以表达一种联系，就如同说："我关心并支持你。"运用简单的手势：可以用简单的招手来与学生问好或道再见。这些很好地传达了承认、接纳和关心信息的手势能够提供给教师和学生真诚交流的机会。注重学生名字以及发音：学生对自己的名字都感到自豪，因此每位教师都应该学会每个学生名字的正确发音。读名字时,重复发错音或称呼绰号都是不礼貌的行为。

2.老师要重视学生

学生需要感觉到自己被重视,自己是重要的,感到他们参与学校活动是有价值的,能够对学校、对课堂产生一定的影响,感到他们所做的努力是必要的、被欣赏的,使他们渐渐地形成一定成就感。因此教师应该为每个学生都提供参与有意义、有价值活动的机会。

例如学生可以因人而异参与如下各种不同的活动:主持讨论、制订课堂活动计划,关心课堂设备的更新,帮教师去教那些不太熟练的同学,帮助挑选书籍,做班级视听设备的管理等。

教师尽量为班里的每位学生都找到一项工作,如果教师想不到可供选择的工作,那么就发动全班同学一起想出一些需要完成的工作,让学生有节奏地参与课堂活动。教师应该让学生做多少事情,视每位教师所处的课堂和环境不同而不同。教师可以从学生能够做的、又不会造成多大危害的事情开始,例如让学生管理教室设备。在一些重要的问题上,则需要教师与学生合作,对学生进行过程性的指导。在学生参与这类事件时,最初步伐可以小一些,当学生学会自己处理的时候,教师可以逐渐地减少对学生的引导、帮助。当学生能够控制局面的时候,他们就会更加积极地去思考。

3.老师要相信学生的能力

让学生感觉到自己有能力承担责任,有能力把事情做好,这样可以使学生清楚自己可以学会很多事情,知道成功和失败同样重要,即使困难重重他们也愿意接受挑战。如果教师发现学生产生消极、悲观、冷漠的情绪,就必须即刻着手提高他们自我认识的工作,根据学生的实际能力调整任务或技巧的难易程度;在教授新知识、新技能之前,确定学生已经做好了身心两方面的充分准备;帮助学生设定具体、合理的目标;为学生准备各种情景训练,以使他们在遇到意料之外的情况时能应对自如;

让学生懂得"失败乃成功之母"的道理等。根据诱导性方案激励学生,进行自我鼓励,并加强对自己能力和潜能的信任。

4.老师要让学生有安全感

学生需要感到安全,尤其是情感上的安全。这意味着学生信任教师是为他们着想的,相信老师愿意尊重他们的观点。他们知道老师虽然不总是和他们的观点一致,但是老师是站在他们的角度理解他们的,并且老师愿意与他们合作共处而不是彼此对立。

总而言之,老师应该充分理解学生,因为理解是沟通的桥梁,是师生携手并进的前提条件。

重视对学生的尊重

尊重学生能够让学生更亲近老师,能够让学生有和老师做朋友的愿望。尊重学生的独立人格是尊重学生的价值和人的品质,尊重学生既是一切教育的前提条件,又是教育的基本方法和途径,没有尊重就没有爱,就没有教育。教师要真正做到尊重学生、公平对待学生,应该做到以下几点。

1.尊重人格

教师在法律地位上、人格上与学生是平等的。教师要认识到,自己无意的一言一行、一举一动,都有可能改变孩子的一生,因此,教师要注意多鼓励学生,鼓励会让学生增强自信,从而不断努力,使自己的潜力得到最大限度的发挥。

作为一个班主任、一个教师,即使学生犯了错误,对学生进行批评教育时,也应该尊重学生的人格,谆谆教导学生,才能取得教育的效果。如果一味地训斥,只能导致学生逆反心理的产生。因此,批评学生要慎用批评用语,要讲究语言艺术,要处处顾及学生的自尊,使学生产生亲近感、信任感,愿意与教师做心灵的交流,这样才能使学生从思想深处认识错误、改正错误,才能切实有效地发挥批评的作用。

下面是一位老师的自述:

有一次,我拿着一个很漂亮、很精致的教具去教室准备上课。由于上课时间还没到,我就将教具放在讲台上出去了一下,可是等我回来的时候那个教具已不翼而飞了,我心急地大声在教室里问:"有哪个同学看到老师的教具了?"同学们都说没看见,我横扫了一遍教室,学生们都一声不响地坐在那。突然,我发现刘好同学的脸色不太自然,灵机一动,说:"看看哪个同学最能干,帮老师找回来,不然老师就无法上课了。"看我很着急的样子,同学们都急忙低头翻抽屉,在教室里找了起来。我又接着说："是不是老师放错地方了?"这时,没找到的同学纷纷说:"老师,没有!""这里也没有。""老师看看谁最能干,帮老师找到教具。"过了大约2分钟,只见刘好拿着教具冲过来:"老师,在这!"他指着教室一边的墙角说。我不动声色地谢了谢他,准备课后找他谈谈。下午,刘好主动找到了我。他明白我当时没说穿的好意。我告诉他:"你一直是班里的优秀生。你现在这么诚实,能主动交上,就是改正错误的第一步,可以原谅第一次。"刘好听了低下了头,并告诉我以后一定要努力做好。果然,经过了这一次,他好像长大了很多。

这位老师采取了尊重学生人格的做法,如果当时在课堂上当众揭发刘好同学的行为,产生的后果是不言而喻的。

2.欣赏个性

青少年时期是人的思维和认识活动最活跃的时期,他们善于接受和吸收新生事物,热情大胆,敢作敢为,不同个性的学生,他们处事的方法是不一样的,表现也是不一样的。因此教师要善于发现学生的独特个性,并欣赏这种个性,有意识地保护和培养,给予学生发挥个性的自由。

个性突出的学生,在学习中,经常表现得与众不同,想法和思考问题的角度总是别出心裁,闪耀着创造的智慧。教师要及时给予他们表扬,对于存在的不足,要给予耐心的引导和帮助,用欣赏的眼光关注学生的发展。让学生从小就意识到不仅自己的人生需要喝彩,他人的成长历程也需要掌声。

3.宽容和鼓励

宽容是一种积极有效的教育态度,也是教师高尚道德情操及对学生一片爱心的体现。莎士比亚说:"赞美是照在人心灵上的阳光。"学生毕竟还是孩子,要少批评、多鼓励。金无足赤,人无完人。再优秀的学生也不可能没有缺点、不犯错误,是人都会犯错,总会有不足。作为教师要运用赏识教育,帮助学生找回自信,及时地对学生的进步加以肯定,加以鼓励,从而做到尊重学生。

一位老师说：

"班上有一个学生在老师面前表现十分腼腆,说话的声音小得几乎听不见。经过调查,原来他是因为怕在老师和同学面前丢脸,回答问题时,害怕答错而被老师责怪、被同学笑话,对自己缺乏自信。一次,作为语文老师的我叫他起来读课文,他虽然站起来了,但脸红通通的一句话也不敢说,我马上微笑着对他说：'不要怕,大胆读,即便读错了,不会读,老师和同学们都不笑你,我们会帮助你的,你们说对不对。'同学们都大声回答对。在我的鼓励下,他开始读了,虽然他读得很慢,不怎么流利,读错的字也不少,但是我还是表扬了他。慢慢地,他改变了,变得大胆了,甚至还参加了学校举行的朗诵比赛。"

好孩子的确是夸出来的,对于学生表现的不足,教师要用宽容的心态去面对。

4.公平待人

教师应具有博大的胸怀,不能因为某个学生成绩好而偏爱他,甚至作出不公平的决定,尤其是对学习较吃力的学生,不应当让他们受到歧视和忽略。

学生,哪怕是"捣蛋鬼",都要客观公平地对待他们,这样才能避免偏颇,才能促进每一个学生的发展;他们才会觉得教师可亲可敬,进而相信教师,听从教师的教育。

有这样一则案例：

一次,班上学习成绩好的丽丽和学习成绩较差的晓丽发生口角,老师把她们找来谈话。了解情况后,老师一视同仁地进行了处理。

假如因为丽丽成绩好就不分青红皂白、劈头盖脸地把晓丽训斥一顿,不给她辩解的机会,姑且不说她会有意见,就是今后班级的工作都不好开展,成绩好的学生也会认为即使犯了错误也可以享受特权,这对他们成长是相当不利的。

5.**虚心学习**

韩愈的《师说》提出这样一个观点："弟子不必不如师,师不必贤于弟子。"说的是教师不一定都比学生高明,学生不能对教师求全责备,要学其所长;同时,教师既要不断进取,精益求精,也要向学生学习,做到"教学相长"。

教师在教学中,常常会遇到一些学生在答题时,理解之深刻,角度之新颖,方法之精妙独到。对于学生在学习中创造出的智慧,教师都应该毫不吝啬地说:"老师不如你,老师要向你学习。"让学生体验成功的快乐,从而获得更大的学习动力。这更是教师对学生获得成果的尊重。

某小学老师说:

"我们班有这样一个学生,他聪明活泼,成绩还不错,但却非常调皮,经常与同学闹矛盾,不管是老师还是同学,他都不放在眼里。有一次,我们班的玻璃坏了,学校准备换一批新的玻璃,他在课间时无意打碎一块玻璃。当时,我并没有过多地批评这个学生,因为他是无意的,并且也没有造成太大的损失,我也就没把这件事当回事。可是有一天,他的妈妈拿着一块新的玻璃来到学校,说是赔偿他在学校打碎的那块,听他妈妈说,为了赔这块玻璃,他多次央求妈妈给他买。我真没想到,像他那样调皮的学生,会有这样的好品质,我低估了我的学生。'损坏公物要赔偿',这是再普通不过的道理,在这件事中,我发现了他的优点并要向他学习。"

尊重学生就是尊重自己,如果老师能够做到时时、处处为学生着想,做到尊重学生的人格,那么势必会受到同学们的欢迎,成为学生的朋友也将不再是难事。

要保护学生的隐私

学生的隐私权受到法律的保护,教师不仅不能侵犯学生的隐私权,而且也有义务保护学生的隐私权不受侵害。一个不在意学生隐私的教师是不可能获得学生的尊重和好感的,相反,如果一个教师懂得保护学生的隐私,不侵害他们的合法权益,他们会乐于与这样的教师做朋友。

但事实却是,在日常教学工作及生活中,侵犯学生隐私权的现象还时有发生,有些教师将所了解的学生家庭隐私如学生父母的生活经历、婚姻状况、家庭住址、电话号码以及学生的健康状况等公开,这可能破坏学生原有的生活秩序和精神安宁,侵犯学生的隐私权;还有个别老师私拆学生的信件,将日记在全班同学面前宣读,侵犯他们的隐私权;甚至有的老师收缴学生的手机后私自看短信等。这些以教育的名义侵犯学生隐私的行为,不仅会伤害学生的自尊心,失去他们的信任,而且会严重破坏师生关系。

那么,为什么会屡有教师侵犯未成年学生隐私权现象出现呢?

首先,在教育领域内保护未成年学生隐私权有其特殊性。一方面,隐私涉及的往往是学生个人生活中最隐秘的部分,每个学生都有不愿为人所知的秘密,都希望拥有一个安全自由的空间,不愿意自己的部分个人信息和其他私人事务让教师及同学知道、公开和传播,其结果是让教师较少知道乃至不能了解他的隐私。另一方面,教师因业务关系,或多或少都会了解掌握到学生的个人信息,如班主任对学生档案的管理,教师在教学中接触到学生考试分数,教师家访了解到学生家庭情况等等。教育必须因材施教,要教育好学生,必须先了解学生,尽可能全面深入且不断了解和研究学生,如学生的身体情况、行为习惯、智力水平、情感世界、家庭背景、父母职业及社会关系等,这些都可能转化为教育学生的契机。可以说,有效的教育教学工作是以了解学生为基本前提的,只有做到这一点,教师对学生进行的教育才能有的放矢。从这一点上看,学生的个人世界似乎不存在教师不可以涉足的任何角落,这使得未成年学生的隐私权与教师管教权存在着一定的冲突和对立。

其次,教师尊重保护学生隐私的意识不强。虽然教师管理工作意味着教师出于工作需要可以通过正当、合法途径掌握学生的部分隐私,但是教师个人不得随意传播或泄露学生个人隐私,否则也构成侵权。然而,由于缺乏法律意识,在不少教师眼中,未成年学生的隐私权是个模糊的概念。工作中往往由于教育方法不当,教师们有意无意地公开或传播了学生隐私。许多教师认为,未成年学生年龄尚小,不知轻重利害且不能完全自控,其行为应受到师长的监护,无所谓隐私不隐私。

美国著名作家和教育家爱默生曾精辟地指出:"教育成功的秘密在于尊重学生。"这种尊重首先就在于把学生看成有思想、有个性的"完全平等的人",而不仅仅是被管理的对象。自尊的需求是人的天性,尊重学生不仅仅是给他一个所谓的面子,而是懂得学生对尊重的迫切需要。尊重学生可以是多方面多角度的,尊重学生的隐私权,实质是尊重学生的人格尊严,尊重人的尊严和人的价值。身为教师,要尊重学生,爱护学生,给学生反省的空间,给学生一点私密空间,尊重学生的隐私。这样,教师与学生的关系才会更和谐、更融洽。

那么,作为教师,应该怎样尊重并保护学生的隐私权呢?

1.不断学习法律知识

教师系统地学习与未成年人权益保障相关的法律知识,是提高教师职业法律素质的有效途径。通过学法知法,教师能够认识到未成年学生作为弱势群体,需要更多的关心和帮助,就人格而言,他们有与成年人一样的隐私权,从而在今后的教育管理中,能够尊重、保护未成年学生的隐私权。

2.教育与保护并行

教育的目的是让学生健康成长,因而对学生的隐私权的保护更有利于学生的健康成长。中小学生处于发展阶段,其认知能力、判断能力有限,在接纳积极因素的同时也会被消极因素所迷惑,如若没有教师的及时阻拦和引导,他们将付出沉重的成长代价,多走弯路甚至会走歪路毁掉一生。

教师行使管教权,并不必然构成侵犯学生的隐私权。学生要保护自己的隐私权,并不是说学生绝对不让教师介入自己的隐私。教师对学生进行管教是为了保护未成年学生的权益,未成年学生享有隐私权也是为了保护自身的权益。在日常教学及管理中,教师应转变教育方法,处处尊重未成年学生的权利和尊严,主动以平等的态度与学生交谈。同时,教师应时时注意保护学生隐私,严守学生秘密,未经允许不随便披露学生隐私,维护师生间的信任。

以下是一位老师的工作笔记:

每个人都有自己的隐私,而每个人的隐私都应该受到尊重和保护,同样学生也有自己的隐私权。保护学生的隐私就是尊重他们的人格和尊严,使他们在群体中的地位和名誉不受损害,能自由舒畅地融入群体中,快乐学习、幸福生活。作为老师的我理所当然要做好表率。

我记得有这么一位学生,在她的作文当中,向我诉说她的身世,她说不清楚自己的父亲是谁,母亲也不肯告诉她,心中很是苦恼,当别的孩子叫爸爸讲爸爸时,是那么甜美,那么幸福,她总是黯然神伤,甚至偷偷哭泣,总有矮人半截、低人一等的感觉,心情时好时坏,提不起劲头学习,甚至不想读书了,她问我该怎么办。

面对此情形,我久久地沉思着,想着该用什么方式安慰她、鼓励她,想来思去,还是在她作文本上回答吧,这样具有保密性,既能保护她的隐私,又能无障碍交流。

我对她说:"人来到这个世界上总会有很多不如意,总会有很多坎坷,何必计较那么多,关键是眼前,既然我们来到这个世界,就有来的理由和权利。但我们也有很多义务,那就是不能白来一回,总要做点事情,总要回报这个世界,回报生你养你的人,对得起自己。人,要学会面对现实而不是逃避,要有信心和勇气,人家越是瞧不起你,就越要活出个人样来,表现出一种气度和不屑,时间久了,他们也就没趣没味了。相信你一定会鼓起勇气来,表现你的超凡脱俗。"

又到作文课了,我把作文发给她,向她微微一笑并点点头,她也笑了,似乎明白了我的笑意。等到再一次批阅她的作文时,我会心地笑了。再见面时,一个"新生"的她终于融入到我们的生活中来了。

这就是我和她的故事,这就是她当时的所谓隐私,如果我当着全班同学的面为她解决问题,本来只想让我一个人知道的事,在班里说出来,那效果一定就大相径庭了。

如果每位老师都能像这位老师一样,那学生们多么幸福啊!

总而言之,尊重学生的隐私权,保护学生的自尊心,意义非同小可。懂得给学生留一点私密空间的老师,是最受学生欢迎的老师。

"标签"贴不得

有这么一则寓言：

狮子一觉醒来，发现自己尾巴上不知什么时候被哪个"无厘头"挂上了一个标签，上面写着"驴子"两个字，狮子大为恼火，想尽一切办法想把这个标签弄下来，可是无论它怎么弄都弄不下来。更让它恼火的是当它走在路上的时候，动物王国的其他成员指着它的标签说：看，这是一头驴子。于是它气急败坏地找到狐狸说："你难道也认为我是驴子吗？"狐狸说："驴子先生，你长得虽然像狮子，可是你尾巴上明明写着'驴子'啊。"渐渐地，狮子也觉得自己是头驴子了……

很多人可能都读过这个寓言，它不仅反映了一个哲理问题，而且反映了一个深刻的教育问题。仔细地想一下，很多教师成了那个贴标签的人，每天都是在乐此不疲地给学生贴各种各样的标签，似乎不把学生分出个"三六九等"，教师自己都觉得过意不去。学生们整天为了考试而疲于奔命,渐渐地,学生们自己也觉得他们学习的目的就是为了考试。

据说罗森塔尔曾做过一个实验:

他随机抽取一些学生,然后对他们说:"你们是优秀的,潜力是最大的,发展下去一定能成为栋梁之材。"过了几年以后再来看这些学生,他们的确比其他的学生发展要好,这就是所谓的"罗森塔尔效应"。

在教学中,教师就应该充分利用罗森塔尔效应的正面作用,而不能从其相反的方向去看待学生,过早地给学生贴上标签。

很多教师常常是从消极的角度来看待自己的学生。也就是说,老师们是基于这样一种假设来看待学生的,即人与人的智力是存在差别的,只有很少的学生可以学习优秀。对于很多学生来说,他们是不能达到优秀的,学生的智力是不会变化的,天生什么样就是什么样。于是,在这种传统思维定势的习惯下,老师们就会毫不犹豫地给那些考试成绩差的学生贴上"智力低下""行为异常"之类的标签。对于那些学习差的学生,老师们就会想当然地、问心无愧地认为,他们就应该是差的学生。可是老师们却很少想过那些被贴了"问题学生"标签的学生的感受以及对他们心灵造成的伤害。

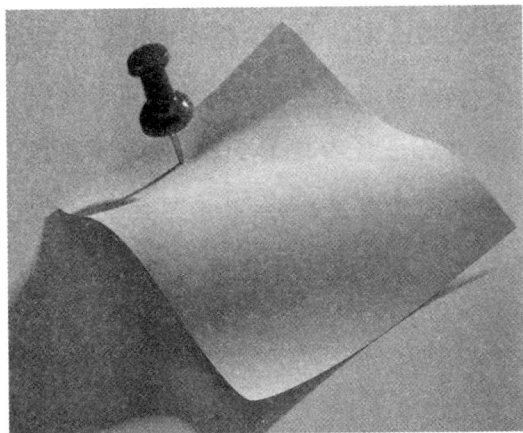

我们会经常听到老师对孩子的家长说：你的孩子学习不行，我教不了；这孩子智商有问题等等之类的话。久而久之，连父母都觉得自己的孩子真的不是学习的料。

下面是一位老师的自述：

有一次我在给七年级上课时提到这样一个问题：在生活中你曾经遇到过哪些诱惑？话题一打开，大家都踊跃地回答：网吧、游戏厅、台球室、新衣服、金钱……当我问他们是否经受住了诱惑的吸引时，有一个学生说他没有经受住金钱的诱惑，话音未落，班上就嚷开了："他是贼，是小偷……"我注意到这名学生马上低下头，神色黯然，为了不伤害他，我示意全班安静，缓缓说道："'人非圣贤，孰能无过。'在我们面临诱惑时，有时也许会犯错，但'知错就改，善莫大焉'，我们都是有爱心的孩子，都有一颗宽容善良的心，当别人犯错时，我们应该学会包容，而不是武断地用'贼'或'小偷'去给他人定性，要知道这些将会陪伴他一生，让他永远无法摆脱心理阴影。接着我话锋一转，金钱的诱惑虽然大，但我们只要记住'不义之财不可取''伸手必被捉'，我们就不会成为金钱的奴隶……"顿时教室里响起了掌声，我意识到我的目的达到了，学生懂得不能用一件事情去评价一个人，去否定一个人，应该学会宽容别人、尊重别人。这时我望着那个学生，他也正用饱含谢意的神情望着我。

课后，我让他们自己进行心理剖析，这位学生写道："我家里经济条件不好，当我看到别的同学买东西时，我忍不住就'拿'了别人的钱去买，通过这节课的学习，我以后再也不干这样的事了，我会努力学习，将来自己改变自己的环境。"后来，我发现他真的变了，变得更自信、更努力了，阳光又重新回到了他的脸上。

有一位哲人说过："要想除掉旷野里的野草，方法只有一种，那就是在上面种上庄稼，同样，要想让灵魂无纷扰，唯一的方法就是用美德去占据它。"

现在是广大教师该觉醒的时候了，那些还在为学生贴"标签"的老师们，是该放下你手中的那些"标签"的时候了，给那些所谓的不太优秀的学生以更多的关怀吧，只要你用心去对待，你会发现他们都是"狮子"。

讽刺要不得

老师尊重学生，首先就要做到不对学生进行侮辱、讽刺。有些老师会无意中伤害学生。尖酸刻薄的老师尤其损害学生的身心健康。他们的刻薄言辞会贬低学生的自尊和妨碍学生的学习。受到伤害的学生会产生复仇的幻想与成见。可想而知，这样的老师不会和学生成为朋友。

2011 年 12 月 12 日教育部公布了《幼儿园教师专业标准（试行）》（征求意见稿）、《小学教师专业标准（试行）》（征求意见稿）、《中学教师专业标准（试行）》（征求意见稿），在全国范围内公开征求意见。三大标准都对尊重受教育者的权益以及保护受教育者的生命安全提出明确要求，如要对受教育者"平等对待""不讽刺、挖苦、歧视""不体罚或变相体罚"等。

讽刺挖苦有时候的确会起到令人觉醒、催人上进的作用，但针对的对象是不同的，在成人世界也许可取，但不应存在"童话世界"里。就像教育部公布的教师专业标准，是针对幼儿园、小学、中学教师，而不是针对大学生、公司企业职员的。因为孩子们的心智并不成熟，利用挖苦讽刺的方法来教育，孩子也许当时领悟不了，难以奏效，而要是孩子真的知道字面背后的含义，能像大多数成年人一样放得下吗？一些讽刺挖苦好比给学生贴上了歧视"标签"，在孩子心里留下阴影，给孩子的成长带来不利影响。

一个专业的教师肯定是懂心理学，掌握学生生理、心理特点的，不应把运用在成人世界中的讽刺挖苦套用在孩子身上。真正专业的教师会换位思考，用孩子容易接受的方式来教育。

有这样一个故事：

一位叫郝学的小学生没能回答出语文老师的提问，于是老师就挖苦他说："郝学，你不配取这个名字，你应该改名为厌学，真是'好学'的话你怎么会一问三不知？"之后，郝同学就很怕上语文课，成绩也越来越差，后来转学了。新老师了解到他转学的原因后，就主动跟他谈心："人如其名，你应该像你的名字一样，勤奋好学，越学越好。"在这位老师的鼓励和帮助下，郝学努力上进，考上了理想的大学。

这虽然是个案，但从厌学到好学的转化，足见教师挖苦孩子的危害和正面鼓励的重要。

再来看下面这个事例：

学前班的打扫时间里，老师帮学生收拾积木，小辉不肯动手收拾她的那堆积木。

老师："小辉，你那边还有积木要收。"

小辉："我不愿意，就不必收。"

老师（坚决地）："打扫时间要收好积木，这是规定。"

小辉："要收，你自己动手收。我才不干呢！"

老师（强硬地）："现在我生气了。我认为我们的谈话最好到此为止，不必再讲下去。"

小辉（哭着）："老师，不要这样，我来收不就好了嘛！"

小辉动手收拾的时候，老师告诉她："多谢你肯合作。"

这位老师既坚决又有效率。她毫不犹豫地表明要求，也毫不侮辱地加以坚持。她不做冗长的解释，而只表达自己的感受和期待。

老师生气时，学生会特别注意听老师讲话。此时正是老师示范良好语言的绝佳机会。老师可以借机运用丰富的词藻打消一切恼人的怒气，像令人不舒服的难过、困扰、烦闷、苦恼、挫败、暴怒、激动、愤慨，或其他充满愤怒与刻薄的情绪。

表达愤怒的方式还有很多，要灵活运用并不容易，因为一发脾气，辱骂就顺口而出。可是，补救师生之间的沟通却必须熟悉这种不带侮辱的愤怒表达法。老师为了要学会这种新的方法，必须做彻底的改变，久而久之，风度自然流露。其实，多数老师对学生都有正确的态度与关怀，他们所欠缺的是表达关怀的沟通方法。每位老师都能摒弃损人的语言、令人痛苦的行为和藐视人的态度，即使处于盛怒，也能避免诽谤的字眼。这些自我约束并不会削弱表达能力，反而十足地表现了老师的风度。老师学习信赖一种不同的语言——一种生动活泼又无惧无害的语言。老师的座右铭是："愤怒，可以！讽刺，不行！"

老师肩负着教书和育人的双重任务，既要会教，又要会育人！懂得和学生做朋友的老师一定不会随意挖苦自己的学生，讽刺，要不得！

第五章　学会使用赞美

俗话说:"良言一句三冬暖,恶语伤人六月寒。"赞美是师生关系和谐的重要手段,老师要时时以情感人,以言"诱"人,通过赞美拉近师生之间的距离。老师如能经常用赞美的话语对学生,必能起到"随风潜入夜,润物细无声"的作用,学生喜欢这样的老师,也自然会愿意与他们做朋友。

赞美的重要性

生活中，人人都需要赞美，处处离不开赞美。列夫·托尔斯泰说："赞美不但对人的感情，而且对人的理智也起着很大的作用。"我们应该学会赏识、赞美他人，努力去挖掘他人的闪光点。

同是一棵树，有的人看到的是满树的郁郁葱葱；而有的人却只看到树梢上的毛毛虫。为什么同样一件事物，会产生两种截然不同的结果呢？原因就在于有的人懂得赏识、赞美，而有的人只会用挑剔、指责的眼光看待事物。

曾有一名邮递员在送信途中，不小心被一块石头绊倒了，他刚想抱怨，却低头发现这是一块形状奇异的石头。他想，若是用许多这样的石头建成城堡，该多好啊！他好奇心顿生，便欣喜地将石头捡起来，装进邮包。之后，每天送信，他总会捡一块奇异的石头。日复一日，他捡的石头堆满了家门。于是他白天送信，晚上堆砌城堡。渐渐地，有路人欣赏、赞美他的努力成果，并给予鼓励。终于，他在山坡上建成了一座又一座的、好看的城堡，有一天竟被登上报纸的头条，许多人慕名而来，其中包括当时著名的画家毕加索，他惊叹青年人的技艺，大加赞赏，并投资将这里改造成著名旅游区。

青年人获得成功的秘密就在于他受到了他人的赏识与赞美，可见赏识与赞美是多么的重要啊！有人曾对赏识和赞美做过这样的评价：赞美、赏识就像是雨露对于种子；赞美是成长过程中不可缺少的营养品。赞美、赏识是希望，是动力，是用自己的心灵之火去点燃别人的心灵之火。

同样，学生也需要老师的赞美，一句不经意的赞美和认可，将有可能给学生的成长轨迹带来很大的改变。老师要想做学生的朋友，就要知道赞美对于学生的重要性。

下面是一位班主任的自述：

那是学校的第四周班会课，我安排班中优秀的班干部和学生介绍一下他们成长的经验，分享他们成长中的喜悦。其中一位是在宿舍清洁中表现优秀的罗浩然同学，他的演讲特别贴切、生动。因为他们都是新同学，我对他们还缺乏深入的了解，加上我之前没看过他的演讲稿，所以他的演讲令我有眼前一亮的感觉。毫不夸张地说，我做出了十三年教学生涯中从没做过的事情：等他演讲结束时，我激动得上前跟他握手，并对他竖起了大拇指，连说："太棒了，非常好！"遇到突如其来且有点夸张的表扬，这位学生有点受宠若惊，这也引来了其他同学羡慕的目光。更令我欣慰的是，据我观察，这位学生从那次开始，做事更自信，更积极主动，成了我最好的小助手。

这件事让我深深领悟到学生对老师的评价是很在乎的，老师的一句赞美、一次认可都会激起他们心灵的波澜，甚至决定他们的一生。既然赞美的力量如此巨大，那么在之后的教学中，我就常常赞美学生，且效果卓著。

这样的例子不胜枚举：

平时最令我头疼的潘勇杰同学，前些天破天荒按时完成了作业，虽然质量不敢恭维，不过已经让我很满足了。在如此特殊的前提之下，我"罕见"地在全班同学面前"狠狠"地夸奖了他一番，突如其来的赞扬让他有点不知所措，把头埋得很低很低，只用眼角的一点余光看向讲台，他似乎有些不能相信老师会这样大力表扬他。从那以后，他如我所料变得勤奋乖巧。

何嘉云同学数学成绩不理想且性格比较内向，在一次测验之后，我主动找到她去了解情况并讲解试题。我不是直接地告诉她正确的做法，而是把比较复杂的题目细分成多个过程并且及时充分地肯定了她正确的地方，那时我感觉到她的表情有所变化，她悄悄地看了我一眼，我便给了她一个鼓励的眼神，并微笑着用力朝她点点头，她冲我羞涩地一笑。从那以后，这位女同学也会主动过来向我请教。

……

赞美让我看到了同学们的进步和对我信任的目光，让我成为了他们的良师益友。

学生的健康成长，离不开老师的正确引导。每个学生都有追求进步、积极向上的倾向，都有聪明、好学、向善的一面。老师以平常心去看待他们的每一个长处，肯定他们的每一次进步，自然而然就会善于发现学生的每个闪光点，欣赏他们的价值，从而树立起学生的自信心和自豪感，和学生建立起深厚的友谊。

赞美学生是人文精神在教育教学过程中的渗透，体现了学生和老师人格尊严上的平等。如果老师能以一种广阔的胸襟对待学生的失败和错误，给予谅解、宽容和鼓励，并为他们指出一条解决问题、改正错误的途径，让学生长期生活在和谐、温暖、相互信任、相互赞美的氛围中，那么学生就能养成积极向上的健康心理，就能以积极主动的态度去学习新知识、探索新方法、研究新问题。这样，学生的人生旅途就会充满掌声和笑声。

赞美如此重要，作为老师，应该从哪些方面赞美学生呢？

1.赞美学生的闪光点

老师要善于捕捉孩子的闪光点，树立他们的信心，从而发挥其内在的潜能。赞美学生的闪光点，学生会感到一种满足，会全面地审视自己，会意识到自己也有不足，愿意接受别人的意见，逐渐完善自己。

下面是一位班主任的工作笔记节选：

我们班有个叫张贺志的同学，他个子在班里最高，所以常欺负班里的同学。同学们都对他有意见。对此，我也多次找他谈过，可没过多久，他又犯了。后来，我发现他体育特别好，在运动会上，获得 100 米、200 米短跑冠军，为班级争得了荣誉。我抓住有利时机，在班中大大表扬了他，同时又让他担任晨跑负责人。这对他的帮助很大，他像变了个样。不久，在评比单项先进中，还被学生一致评为文明学生呢！

还有一位叫张世昌的学生，他不爱学习，就喜欢画画。有一次上数学课，孩子们都在认真地做练习。我在巡回指导时，发现这个孩子"一反常态"，既没有吵闹，也没有去影响别人，而是在埋头画画，一脸的专注。于是，我走近一看，呀，他画得很特别：雨是五颜六色的，落在屋顶和地面上，还溅出了水花。大地也是五颜六色的，花儿开了，草儿绿了，小河里的水清清的。他的画画得可真漂亮。于是，我俯下身，亲切地问："为什么你把雨画成五颜六色的呢？"他愣了一下，有些惊讶地看着我，然后紧张地说："没什么。"接着，他就慌忙收起来。我有些失望，心想，可能平时对他太严厉了，所以他才不敢对我说心里话吧。于是，我摸摸他的脑袋，微笑着看着他，很友好、很肯定地说："我觉得你画得很好呢！与众不同！"他手中的笔停了一下，偷偷看了我一眼，我又接着说："其他同学都用蓝色来画雨，你用各种颜色来画。能不能告诉我你的想法呢？老师很想知道这么棒的想法是怎么产生的。"听了我的话，孩子抬起头看着我。我对他微笑，用期盼的眼神看着他。他犹豫了一下，又看了我一眼，然后小声地说："我很喜欢下雨，觉得雨的声音很好听。可是，雨是透明的，一点也不好看。要是雨也能有各种颜色，我就会更喜欢雨了，所以我把雨画成五颜六色了。""真是个了不起的想法！太棒了！"我特意提高音量赞叹道。接着，我把他的画拿到前面展示给同学们看，并赞扬了他的想法。当同学们也对此发出赞叹，并将惊讶的目光投向他时，我发现他眼中闪出从未有过的光芒！我想，打铁要趁热。于是，孩子们继续做题时，我又走到他身边，俯下身，轻轻地说："你是个爱动脑筋的好孩子，画又画得那么好，如果学习上态度再认真些，那你肯定会非常优秀的。"他不好意思地点了点头。事后，我欣喜地发现，我讲课时，他听得很认真，还积极开动脑筋,大胆举手发言。不管他回答得是否完整,我都会面带微笑,耐心地倾听,对满意之处,表示赞赏,对有错误的地方,及时加以引导。从此,课堂上,时常能看到他开心的笑脸。

这样,我的赞美让班中两个最让我头疼的孩子成了我的朋友,他们愿意把烦恼向我倾诉,愿意听我的教诲,我成了一名最幸福的老师。

可见,赞美是可以改变世界的。

2.赞美学生的"创新"

每个人都有一定的创造潜能。学生的这种创新和独创表现为他们自己提出某一问题,并想出解决这一问题的方法和策略。这种赞美对于学生来说,更具有吸引力和感染力。那么,老师应该从哪几个方面赞美学生的"创新"呢?

一是要鼓励学生经常质疑,激活学生的生活热情和内在潜能。

二是要鼓励学生求异思维。求异思维是一种不依常规,寻求变异,从多方面寻求答案的思维方式,本质特点就是独创性。从某种程度上说,求异思维是一切创造之源。因此老师应为学生提供施展才能的创造空间,锻炼、培养学生的求异能力。

三是鼓励学生敢于打破"常规",敢于标"新"立"异",敢于用前所未有的方法去解决所遇到的问题,这样才能使学生的创新能力得到锻炼,使学生的创新意识得以升华。通过老师的赞美,使学生作为独立的个体,能够善于发现和认识有意义的新知识、新事物、新方法,掌握其中蕴含的基本规律,并具备相应的能力。

3.赞美学生的生活琐事

一位哲人说过:"只有真实的赞美才能最打动人的心灵。"老师对学生的赞美要从学生的生活琐事入手,实事求是,不要单纯地对孩子说:"你真棒""你真聪明""你是个好学生"之类的话,因为这会让孩子觉得他各方面都做得很好了,而这是很不现实的。

良好的行为来源于生活，所以老师必须特别强调那些使你满意的具体生活琐事，你的赞美越具体，孩子对哪些是好的行为就越清楚，遵守这些行为的可能性就越大。

假如一个学生知道放学后把门窗关好。老师发现后，要及时表扬："×××同学真是个有责任心的好干部。"又如在分发各种学习用品的过程中，对守秩序、谦让、主动帮助老师的学生，老师要及时给予表扬："你真是一个文明天使，不仅懂得要按秩序排队，还知道谦让，真让老师感动。"说完摸摸学生们的头或拍拍他们的肩膀表示欣赏。这样的赞美有着自然、真切与和谐之美，具有强烈的感染力和亲和力，会让学生体验到美就在身边，进而激发良好的道德动机，支配道德行为，从小点燃起他们正确的人生观的火花。

请不要吝啬赞美，因为赞美是和风，它使人温馨和感动；请不要小看赞美，因为赞美是火种，它可以点燃心中的憧憬与希望。作为一名老师，如果能时时以饱满的精神、欣赏的眼光、鼓励的话语对待学生，必然能起到意想不到的作用。在赞美中健康成长的学生自然也会感觉到老师的无比亲近，从而成为老师最忠实的"小粉丝"，最忠实的朋友。

赞美要及时

在日常生活中，赞美是人人都需要得到的。若发现孩子有值得赞美的行为时，要把握时机给予其赞美，不管用语言、肢体、眼神、动作、表情还是评语，只要是真心诚意的赞美，孩子必然感受深刻。

在美国加州的一个小镇上，有一位老实的送货员经常送货到一家百货店，不论是晴天还是雨天，只要拨一通电话，就立刻送到。直到有一天送货人换了一个小女孩，老板就很奇怪地问道："小妹妹，以前送货的那位老先生怎么没有来呢？"小女孩告诉老板说："他是我的爷爷，已在一个星期前去世了。"只见那位老板又惊讶又感叹地说："他真是一个好人啊，我要感谢他。而这句话一直放在我心中很久了，我很后悔一直没有告诉他。"小女孩望着老板的脸又说："我爷爷要是早知道有人这么称赞他、感谢他，那就太好了。"

这次事件以后，老板总是不忘对一些人做适度谢意的表达。虽然只是短短一句表达自己心中的感谢话语，但却犹如一滴香水洒出，香气四溢，弥漫了整个屋子，给所有人都带来了温馨。

通过上面这个小故事，我们知道，赞美必须及时，对于大人来说尚且如此，就更不用说孩子们了。学生在学习中，会用各种方法展示自己的成就，以增强自信感。这时教师及时的、恰到好处的赞扬，会让学生有一种被肯定、被发现的喜悦和快乐，这种心理上的满足会化为他们学习中的强劲动力，支持他们更加努力奋斗，自然而然就会使他们更亲近教师。

一个学生，即使是班上学习最差、行为规范最差的学生，身上也一定有他的闪光点。老师只要细心观察就会发现，调皮学生的闪光点是聪明；上课爱说话的学生的闪光点是活泼好动；老实学生的闪光点是能谦让等等。教师应抓住他们的闪光点作为教育的切入点，通过对学生的赞美进行情感投资，打开学生心灵的闸门，教育自然得心应手。

孩子生活中每一个微小的进步都要及时给予赞美,特别是对于平时表现稍差的学生来说,表扬越是及时,越有利于他们克服缺点,争取进步。比如学生今天书包整理得很好、教室打扫得非常干净、帮助其他同学解决困难……都要立即给予表扬,肯定其进步。这样会让学生认为老师时时刻刻都在关注着他。如果学生认识到只有他表现得很好,才能得到老师对他的注意,他们就会尽量表现得更好,以得到老师更多的表扬。

如果老师对学生各方面微不足道的成绩和进步视而不见,就会挫伤他们的积极性。一个高明的老师,不仅会赞美学生已经表现出来的成绩和优点,还善于赞美学生潜在的优点,并及时给予肯定。学生在获得满足时会更加注意学习效率和学习方法,学习成绩在原有基础上更会随之提高。这就要求老师要有敏锐的洞察力,善于从各种角度看问题,从细微之处发现学生的成绩和优点,及时准确地给予表扬。只要学生表现出良好的行为,教师就应该及时鼓励强化,巩固这种行为,久而久之,学生就会养成自然而持久的良好习惯。

有人说:"不是聪明的学生常受表扬,而是表扬会使学生更聪明。"的确,老师及时而适度地表扬学生,往往是促进他们转变和前进的催化剂。学生都渴望得到表扬。在受到表扬时,他们的神经活动会加快,思维会变得更加灵敏,做事的效率也会提高。

一名优秀的老师应该善于细心观察,对于学生的点滴进步和微小的成绩都要及时、热情地给予肯定,使他们产生一种愉悦感。当老师把微笑洒向学生,把表扬送给学生时,就会惊喜地发现,自己的学生变得越来越懂事、越来越自信、越来越能干了。

老师给予学生及时准确的赞美,不仅会使他们在赞美中感受到来自教师的关心和关爱,也能够及时调动他们的积极性。学生们在愉快的心情和状态下,会激发出内心最大的潜能,并会从心里对老师生出一份信赖和亲近感,师生之间的和谐关系与深厚情谊就会自然而然地建立起来了。

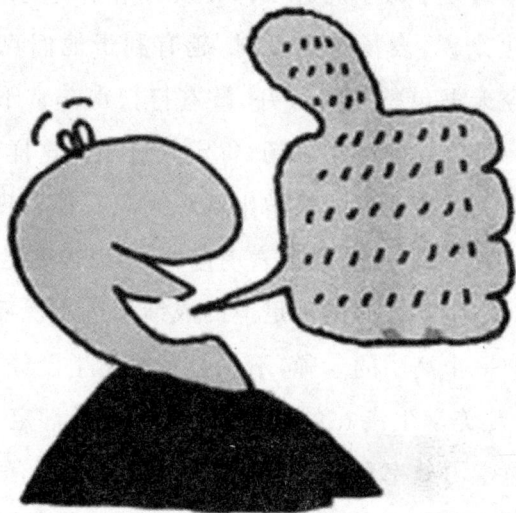

　　赞美是一种教育艺术,赞美是春风,让人温暖和感动;赞美是激励,它能充分体现学生心中美好的期待。教师既要学会欣赏学生,又要学会赞美的技巧。教师对学生的赞扬必须是由衷的、得体的、因人因事因场合而异的。有时老师通过一个眼神、微笑、鼓掌、拍拍学生的肩膀等非语言行为,也能使学生感到一种温馨和激动,让他们心领神会,回味无穷。因此,作为老师,应该及时准确地赞美学生,促进学生的发展,和学生做最贴心的朋友。

赞美的技巧

赞美如煲汤,火候很重要。

赞美学生时如不审时度势,不掌握一定的技巧,即使你是真诚的,也可能会变好事为坏事。就像煲汤,如果火候掌握得不好,那么再好的原材料也不会煲出味道鲜美的汤。只有火候掌握得好,赞美才会散发出最浓郁的香味。老师才能达到做学生朋友的目的。下面这则事例足以说明抓住时机赞美人的重要性:

在镇压太平军的行营中,一次,曾国藩用完晚饭后与几位幕僚闲谈,评论当今英雄。他说:"彭玉麟、李鸿章都是大才,为我所不及。我可自许者,只是生平不好诳耳。"一个幕僚说:"各有所长。彭公威猛,人不敢欺;李公精敏,人不能欺。"说到这里,他说不下去了。

曾国藩问:"你们以为怎么样?"

众人皆低首沉思,忽然走出一个管抄写的后生,插话道:"曾帅仁德,人不忍欺。"人人听了齐拍手。

曾国藩十分得意地说:"不敢当,不敢当。"后生告退后,曾国藩问:"此是何人?"幕僚告诉他:"此人是扬州人,入过学,秀才,家贫,为人谨慎。"

曾国藩听后说:"此人有大才,不可埋没。"不久,曾国藩升任两江总督后,就派这位后生去扬州任盐运使了。

赞美学生,掌握尺度是最关键的。在你开口赞美学生的时候,一定要遵循以下法则:

1.赞美要真诚

每个人都珍视真心诚意,它是人际交往中最重要的原则。英国研究社会关系的卡斯利博士曾说过:大多数人选择朋友都是以对方是否真诚而定的。

2.赞美要注意场合、时机

赞美的效果在于见机行事、适可而止。当学生计划做一件有意义的事时,开头的赞扬能激励他下决心做出成绩,中间的赞扬有益于再接再厉,结尾的赞扬则可以肯定成绩,指出进一步的努力方向,从而得到"赞扬一个,激励一批"的效果。

3.赞美的话要有特点

人的素质有高低之分,年龄有大小之别,因人而异、突出个性、有特点的赞美能比一般化的赞美收到更好的效果。

4.赞美学生的贡献

当你赞美一名学生的行为或贡献时,你的赞许要更显得真诚,而且,如果别人知道他的确值得被赞美,会获得更好的效果。赞美行为与赞美本人相比,可以避免功利主义的偏见。

5.赞美要具体

在日常学习生活中,学生有非常显著成绩的时候并不多见。因此,赞美应从具体的事件入手,应当善于发现学生哪怕是最微小的长处,并不失时机地予以赞美。赞美用语越翔实具体,说明你对学生越了解,对他的长处和成绩也就越看重。

6.赞美学生的另一面

每个学生都会有一两处值得赞美的优点。例如某个学生或许没有什么优点,但打篮球的技术却很高明,或者歌唱得很好,这些都可以加以赞美。

有的学生很在意自己的这些小优点,也有的学生根本就不在意,但无论如何,老师赞美他,一定会使他感到高兴的。

事实上,有时锦上添花式的赞美,引不起学生太大的喜悦。例如,对一位已被公认是学习很好的女孩子说:"你的成绩真棒!"由于她平时已被夸赞惯了,所以这样的赞美很难让她觉得兴奋。相反,若能找出学生不为人所知的优点,则往往可以使其感到意外的喜悦,甚至带来意想不到的结果。

有一家商店生意非常兴隆,原因就在于他们店里的每一位店员都会不断地与购物的人聊天。他们除了会向客人打招呼之外,还不断地找客人的优点来夸赞。例如,他们会向一位太太表示:"你这件礼服很漂亮。"然后向另一位太太表示:"你的发型很好看。"他们虽然不断地赞美别人,但却是按每一个客人的不同的个性,选择适当的赞美词。

很自然地,这些客人在潜意识中,就会产生到这家商店购物的欲望,而且越来越喜欢这家店。

学生们更需要这种赞美。如果学生经常被老师夸赞,自然而然地会想再见到这位赞美他们的人,这是任何人都会有的心理。因此,每次见面都找出学生的一个优点来赞美,可以很快地拉近师生间的距离,起到意想不到的效果。

一位年轻母亲曾讲过一个令人心痛的故事:

她的孩子常常因做错事而受到她的责备。但是,有一天,孩子一点儿错事都没有做。到了晚上,她把孩子放在床上,盖好被子,只见孩子正把头埋在枕头上,在抽泣中问道:"难道今天我没有做一个好孩子吗?"

"这一问就像电一样触动着我的全身。"年轻的母亲说,"当孩子做了错事时,我总不放过纠正她,但当她极力往好处做时我却没有注意到,我把她放在床上时,连一句赞美的话都没有。"年轻的母亲懊悔不已,从那以后她开始学会赞美她的孩子了。

老师们,请不要吝惜你的赞美,给予你的学生们毫无修饰的赞美,你会发现他们会比从前更爱你。

只要你掌握了赞美的技巧,注意需要注意的问题,那么赞美就会成为你与学生们交朋友的最好途径!

赞美需注意的问题

首先,看一看推销员在推销时要注意什么:

推销讲究包装,但是很多推销员往往据此认为包装是越完美越好,这是另一个极端,而且是极其错误的极端,比如,很多推销员认为顾客喜欢听好话,就过度赞美,虽然好话人人爱听,但过分矫饰的赞美却让人浑身不自在,要考虑对方可以接受哪些称赞的话语,倘若适得其反,马屁就拍到马腿上了,推销员的反应一定要快,当客户出现反感时千万要立即打住,避免墨守成规而形成僵化的销售技术,否则常年如此,业务能力不但不会增进,就算在私人生活中也会因此出现令人作呕的虚伪形象,这对推销员的成长显然是极为不利的。

可见,赞美如果用得不恰当,是很有可能适得其反的。老师要尽可能地赞美学生,但在赞美的过程中,需要注意一些问题,只有这样,才可能真正成为学生的朋友。

1.老师要平等对待每个学生

每一个班都有各种各样的学生,老师赞美的语言大都给予了成绩好的学生,成绩差的学生却很难得到老师的赞美,而最需要赞美的往往是他们。任何人身上都有闪光点,而有些学生在老师心中早已定下来"差"的形象,要想发现他们身上的优点,老师必须有一颗平等的心,平等地看待每一位学生才能发现他们身上的闪光点。

一棵大树挺起胸膛,顽强地与狂风搏斗着。狂风暴虐地纠缠着它,想按下它高贵的头,压弯它不屈的腰。但是,它奋力抗争,不屈不挠。

大树下面有一片小草。狂风根本不把它们放在眼里,像擀面条一样把它们揉来揉去。几乎要把它们撕成碎片,辗成粉末。小草在狂风中抖动战栗,屈腰伏身,把脸紧紧地贴在大地上。

狂风终于累了,走了。人们发现,大树折断了腰,小草却慢慢扬起了脸。

学生问苏格拉底:"老师,你认为大树和小草谁值得赞美?"

苏格拉底说:"我赞美大树,也赞美小草。"

作为一位老师,思维不应该定格在"成绩好的学生身上都是优点,而某些学生身上却都是缺点"上。比如,部分学生的作文几乎就是"句子不通,错别字连篇,整篇不知所云"。如果老师不平等地看待每一位学生,就不会认真地去批改那类作文,那就不会发现他们作文中的闪光点,他们的作文也就只能永远那样了。

2.用"放大镜"式的眼光寻找学生的优点

作为老师要永远相信每个人都有闪光点,只是优点有多有少罢了,对于优点较少的那些学生,他们身上的闪光点需要我们去观察、去寻找,才可能被发现,老师要用"放大镜"式的眼光在他们众多的缺点下寻找出那么一点点的优点,然后将它放大,想办法让它大于缺点。他们的那些闪光点放在其他同学身上可能不值一提,但对他们来讲已经算进步、算优点了。

比如,经常抄范文的偶尔写一次真实的事,从来不背课文的费了九牛二虎之力终于背下来一首古诗,写字无法辨认也会出现几个能认的字等等,这些对他们来说就是闪光点,老师要随时认真观察,一经发现就抓住不放并将其放大。

3.寻找有创造性的赞美语言

当学生们表现很好时,不要只是说:"很好。"赞美要具体一些,说出细节,指出有哪些地方让人印象深刻,或是比上次表现更好,例如:"你今天又主动跟校门卫伯伯说早安,真的很有礼貌。"不过,赞美时也要注意,不要养成学生们错误的期待。有些老师会用文具等奖赏学生,让学生把重点都放在可以获得哪些报酬上,而不是良好的行为上。老师一旦放弃陈词滥调,寻找有创造性的赞美语言,就会培养出生动而有力的言语,学生也会因此而更亲近老师。

下面是一则案例：

于思奇喜欢在校园里工作，尤其钟爱培养花卉。老师用专有名词称赞他说："于思奇，你具备'托匹埃立'式的天才。"

"托匹埃立？托匹埃立是什么意思？"于思奇问。"你不妨查一下资料。"老师说。

于思奇愉快地发现自己的才华是"一种古老艺术，把花木修剪成几何或动物的形状"。

很显然，在这则案例中，于思奇的老师使用了具有创造性的赞美，相信于思奇同学以后再有什么问题，一定会非常乐于请教他的老师的。

教育家夸美纽斯曾说："应该用一切可能的方式把孩子们的求知与求学欲望激发起来。"《教育学》告诉我们，学生需要教师的赞美，赞美是师爱的表现，是对学生的积极的肯定。老师只有细心地捕捉学生瞬间闪现的火花，才会表达出恰如其分、内涵深刻的赞美之情。

4.尽量使用感激式的赞美

评价式的赞美是自抬身价。赞美者以评审员自居，登上评审宝座，声称自己有特殊的能力。有位年轻老师向一位资深同事表达自己的想法，却被泼一盆冷水："小姐，你的想法不错嘛！"这句话显然在说："你算老几？"评价式的赞美把人置于"较低的地位"。因此，小孩子赞美老师被视为不敬（"老师，你表现得很好、你是第一流的。我以你为荣，继续好好干吧！"）。

假如我们遇见毕加索，我们不会对他说："您是伟大的画家，您画得真好。"我们也不会对钢琴大师柏恩斯坦说："柏恩斯坦先生，您是伟大的音乐家，是佼佼者之一。"因为我们可以察觉这样的评价式赞美不但傲慢而且粗俗。我们不敢以评审员自居。我们也许会说："毕加索先生，感谢您。您的大作使我生命丰富。""柏恩斯坦先生，谢谢您的演奏。您那曲

《西城故事》带给我许多快乐,而那首《耶利米交响曲》十分扣人心弦。"学生也值得这样的礼遇,他们也需要感激式的赞美,而不是比较式或评价式的赞美。

12 岁的孙刚对靶掷镖,正好掷中红心。体育老师说:"很棒!你有敏锐的眼力,你是个神射手。"孙刚默然离开操场。老师吃了一惊,他原本想鼓励孙刚,没想到赞美令他颓丧,老师百思不解。

孙刚被赞后自忖:"老师以后都会期望我射中红心。我又不是神射手,上回得分只是侥幸。假如再试一次,我可能连靶都击不中,更别提射中红心了。我最好趁胜离开。"

可见,不是所有赞美对学生来说都起积极作用,如果孙刚的体育老师改用感激式的赞美,效果也许会有所不同。

5.赞美应该用文雅的措辞

老师应该学会用文雅的措辞赞美学生。这样不仅会起到教育学生的目的,也会使学生生出对老师的敬佩之情,从而产生和老师做朋友的愿望。

下面是某老师写在学生作文本上的赞美之词:

"你所叙述的人物和背景宛如照相机拍出的彩色照片:精确、鲜明,又详尽。"

"你所写的故事反映出人们的生活情况。你刻意彰显黑暗面。"

"你所写的对白宛如出自剧作家之手,随着不同人物而变动,或诙谐逗笑、或轻浮放荡;时而庄严肃穆、时而讽刺讥笑,像各式各样言辞所合奏出的交响乐。"

这些鼓励和赞美各有千秋,但读起来都朗朗上口,使人如沐春风。

总而言之,用文雅的措辞赞美学生会唤起学生心底的涟漪,这些赞美会成为学生脑海中深深的烙印,使他们能长久地记住这些赞美,记住给予他们赞美的人。

6.老师要始终保持赞美学生的心态

人非草木,孰能无情,任何人都有喜怒哀乐,作为老师更是如此,但我们不能因为自己的情绪而影响自己看待学生的方式,决不能出现心情好时人人身上都有优点,心情不好时看谁都不顺眼,这样一来,会使自己以前的努力功亏一篑。老师必须随时保持一种平和的心态,用平和的心态看待人和事,发现学生的优点,及时进行赞美。

老师掌握了赞美需注意的问题,用真心、真诚,对学生及时地予以赞美,相信成为学生的朋友,将不再是难事。

第六章　处理青春期的困惑

　　一般来说,十一二岁到十七八岁为青春期,青春期是一个比较敏感的时期,是一个身体和心理迅速发展的时期。面对这一时期,教师、家长和孩子常常会产生各种困惑和苦恼。而教师在帮助学生解决问题、排除困惑方面起着很重要的作用。在帮助学生排除困扰的过程中,教师应将学生视为朋友,以平等的态度对待学生,共同度过一个美好难忘的青春期。

师生共同面对网瘾之痛

随着经济的发展,越来越多的未成年走进网络世界学习知识,享受乐趣,也有许多未成年人过度沉迷网络不能自拔,最后荒废学业。网络是一把"双刃剑",既有正面影响,又有负面影响。而网络的负面影响正在无情地吞噬着学生的身心健康。他们中有为上网而逃学的,有为上网而离家出走的,也有为上网而走上犯罪道路的。面对孩子上网成瘾,有些家长已是无可奈何。如何引导未成年人正确使用网络,成为学校、家庭教育一项艰巨而紧迫的任务。家长们尝试过各种手段,包括打骂、找心理医生、找网戒机构,均未取得良好的效果。面对孩子沉溺网络,家长心急如焚。家长们一次又一次地发出"关闭网吧,封杀网络游戏"的呼告,一次又一次地发出了"救救孩子"的呐喊。虽然学校、政府、社会想了许多办法,采取了许多措施,展开了一次又一次的"挽救孩子"行动,但收效甚微。

谁能让学生戒除网瘾,走出网吧呢?这肯定需要学校、家庭、社会共同的努力。但是,作为学校思想教育工作者的教师应该承担起更大的责任,要有所为。因为"心病还要心药医""解铃还须系铃人",要消除他们对网络的依赖最主要的是从内心解开他们的心结。而这一方面是我们教师的专长和职责。

如何让学生自己从网上"走"下来,"心甘情愿"地走出网吧,回到教室;走出网络,回到现实呢?下面就结合班主任在思想教育工作的一些做法和想法,来谈谈对这个问题的认识和理解。

1.教育学生"爱自己""对自己负责"

苏联著名教育家苏霍姆林斯基曾将自己创办的学校的校训确定为"请爱你的妈妈"。这位伟大的教育家认为,爱国主义教育应从教育学生爱自己的母亲开始,如果一个人连生身母亲都不爱,那么这个人是不可能真正地爱他人的,更不可能真正地爱国家的。在这里,我们要说:人,应该先爱自己,对自己负责。一个人如果连自己都不爱的话,那他就不可能真正地爱母亲,爱国家;一个人如果对自己都不负责,又怎能指望他对父母负责、对国家负责呢?问题是,怎样才算是真正地爱自己?

爱自己,就要教育学生用对、用好这如金子一般的美好时光,给自己积累三种财富:健康的体魄、健全的人格、渊博的学识。而整天沉迷于虚拟的网络游戏,成天泡在空气很不新鲜的网吧,熬长夜,吃泡面,视健康为儿戏,"拿青春赌明天",这不是真正的爱自己,这是在拿生命开玩笑,会让自己身心受损、荒废学业,最终可能成为一个废人。

2.学生要正确认识电脑,正视网络的作用

电脑作为一种高科技的产物,是人类智慧的结晶。人类研制电脑的目的,绝对不是拿来玩,而是拿来用的,拿来帮助人们更快、更好地工作的。所以,有人说:"聪明的人用电脑,愚蠢的人才玩电脑;把电脑当工具的人会成功,把电脑当玩具的人必定会失败。"本来,上网偶尔玩玩游戏是为了愉悦身心、放松自己,不能说都是坏事,可是,如果为了玩游戏而毁坏了身体,荒废了学业,耽误了前程,那就会成为坏事了,那就是大错特错了。

中小学生玩电脑,一般开始在一个"玩"字上,最终也还是停留在一个"玩"字上。要想掌握如硬件制造、软件开发、系统维护、电脑维修什么的技能,还得上大学,还得接受专业知识培训。在和学生谈心的时候,教师应和学生说:"老师我也很喜欢电脑,也懂得电脑的一些软硬件知识,但我却不沉迷电脑,一个人'要提得起,还要放得下'嘛!要'进得去,还要出得来'嘛!而我们现在的最主要的任务是锻炼好身体,学好文化知识。"

3.鼓励学生找回自己,重树自信心

一个不容忽视的事实是:很多沉迷网络的孩子都丧失了信心,心灵都很空虚,谈不上有进取之心,有的甚至"破罐子破摔"。因此,鼓励学生找回自己,重树自信心,就显得特别的重要。所以,教师应经常对这类学生说:"其实你的头脑很聪明!""你很有××天赋!""你是最棒的!""你会比任何人进步更快!""一切都还来得及!"

我们要充分发掘、利用学生的优点(哪怕是一点点),让上网成瘾的学生在现实中找到自己,找到自己的闪光点,找回成功的感觉,如曾经有过的辉煌、特别有爱心、组织能力较强、记忆力出众、是出色的运动员,等等,这些都是学生的闪光点,都可用来重树学生的自信心。

对待上网成瘾的学生,要尊重他们的自尊心和人格。一定要有耐心,一定不要"贴标签",既不能怨恨、纵容,更不能鄙视、放弃。如果简单粗暴,或说话不慎,将招来学生的反感,导致师生感情无法沟通,前功尽弃。

4.课余活动,让学生走出网吧

对于学生迷恋网络不仅要"堵",还要"导"。在一次关于修订未成年人保护法的座谈会上,一位学生代表的话让许多人很受触动,"如果我们除了学习还是学习,有什么课余活动啊?""如果还有别的地方可去,谁还会专门去网吧呀?"

现在的学生课余活动的时间确实太少了,适合青少年活动的场所也太少了。现在大部分青少年活动场所,并不完全为青少年服务。这些场所在营业时间上安排不太合理。"学生上学它开门,学生放学它下班。"一些学生放学后无处可去,因此,教师应丰富学生的课余活动,引导他们发展有益的兴趣爱好,释放因学习而造成的紧张情绪。

在新的教育形势下,教育工作者更应该有所作为,让大课间不再流于形式,扎扎实实地搞好学生的第二课堂,丰富学生的课余生活。同时学生还可在节假日开发学校的一些资源,如学校的绿色网吧、图书室、体育馆等,尽可能创造条件让学生有健康、安全的活动场所,丰富他们的课余生活,积极引导他们健康、有益的业余爱好,使他们的潜能得到充分的发挥。

　　同时，学生还应认识到"家庭是天然的戒网中心"。根据青少年网瘾矫治专家的说法：上网成瘾，不能简单地将责任推给网吧和游戏，而应该更多地反省家长的教育问题。调查发现，90％的小孩上网成瘾，都与不正确的家庭教育方式有关。因此，教师还需帮助、引导家长改变一些教育方式。让家长多与孩子沟通，多给予孩子温暖和鼓励，帮助有网瘾者在正常生活中，发现和建立人与人之间的友情，找到自尊、快乐和自我存在的价值感、成就感。

　　"路漫漫其修远兮"，让学生戒除网瘾，走出网吧，回到教室，回到现实，学业有成，是每一位教育工作者的心愿，更是社会、家长的期盼。以上只是在实践中的一些认识和理解，要真正做好这一工作还有很长的路要走，还需要教育工作者共同的探索。

教师应引导学生正确认识早恋

相信现在很多人都已经对身边一对对穿着校服的"学生恋人"司空见惯了,大街上、公共汽车里,这样的"风景"随处可见。中学生早恋问题已经从几年前的"星星之火"逐渐发展成一种较为普遍的现象。为什么中学生早恋这一现象会屡禁不止呢?作为教师应当怎样去看待和处理这一问题呢?

1.中学生早恋倾向或早恋行为的表现及特点

中学生的早恋行为一般表现为隐蔽性,因为她们的行为毕竟不同于正常的成年男女的恋爱行为,她们知道,如果让老师和父母、亲戚知道,肯定遭到反对,所以她们的思想和行为表现都是"地下式"的。但是老师只要细心观察,及时与学生家长保持联系和沟通,是不难发现问题的。一般来说,学生有早恋的意识和行为后,常会表现为:突然比平常注重衣着打扮;上课的注意力不集中,易分神,甚至在课堂上眉来眼去;精神恍惚;学习成绩突然下降;上学、放学的时间不正常,离家上学的时间过早,放学后回家的时间过迟;电话频繁,但不愿父母或其他人接听;活泼好动、喜欢与别人交往的学生,一下子变得沉默寡言等;用零花钱突然比平时多;借故迟到、早退或请假,甚至常常旷课。

和几年前学生早恋相比较,目前的早恋有以下特点:

多:通常每个班级都有,大胆:上学放学的路上,周末的大街上,不少老师都曾发现学生中存在异性同学勾肩搭背招摇而过的现象;成人化:对异性的倾慕只隐藏在心中,表露在纸上,已经和成年人的恋爱十分接近,找一切可能的机会出双入对,逢特殊的日子如生日、情人节也有成人的浪漫举动,送花、送礼物等都是极为普通的事;舆论宽容与家长认同:学生不会因为某某和某某好了,而对他们采取鄙视,不屑的态度,而是以一种很自然的态度接受。有的学生甚至取得了双方家长的认可。

2.早恋学生处理原则及方法

首先,教师要理解这种感情。虽然学生还属于未成年人,但他们中异性间所产生的"爱"也是一种极为正常的感情。"爱"的本身并没有任何不洁和错误,是应当被理解和尊重的。老师不能因为爱产生在学生之间便对其加以鄙视或对发生早恋的学生进行嘲讽和打击,认为早恋的学生不是好学生,道德败坏。一些教育学家和心理学家经过仔细研究和讨论,认为老师的这种观点实际上是带有个人偏见的。专家认为,早恋是一个学生成长中很可能遇到的自然现象,每个人都有最早萌发恋爱的意识,这是生理因素使然,与道德规范无关。如果教师把学生的早恋与道德败坏联系到一起,那么就必然会影响他们的心理健康,给他们的成长带来不利的影响。

其次,老师应正确面对早恋问题,给予学生正确、良性的精神引导。一些不负责任的老师在得知或察觉自己的学生早恋时,表示出漠不关心、听之任之的态度,致使年龄尚小、心智尚不成熟的学生在恋爱过程中发生问题时容易采取一些不正当的解决方式,造成严重的后果。更多的老师则是出于职业责任感和热爱学生的初衷,对早恋现象严加治理,一旦发现便施加各种惩戒措施,甚至劝退,但这很有可能会毁掉一个甚至两个学生的未来。虽然这部分教师也正视了学生早恋,但他们并没有正确地引导,而是施以粗暴的态度和手法。要实现学生情感上的正面引导,老师的真诚和真情至关重要。苏霍姆林斯基认为:老师的大喊大叫,不能收到预想的结果,有时反而会引起学生内心的消极反抗,有时则使学生觉得教师无能。老师表现出真诚,对学生的"爱"表示理解和尊重,那么学生的事先抵触心理就会消除,进而对老师的劝导就能信服。如果早恋的行为实在不能制止,那么也该让学生将"爱"转化为学习的动力,化"绊脚石"为"催化剂"。

第三,学生对比考虑,自我认知后果。对为什么要早恋这一问题,有学生说这挺好玩;高三的学生甚至说,高三的生活实在太枯燥了,得自己找点乐子。对以后怎么办,他们说以后不可能在一起,分手就分手呗。学生将感情看得十分浪漫,但对感情所造成的伤害,就需要老师事先打预防针。其实,孩子想去尝尝感情的滋味并不是一种必不可少的心理需要,更多的是他们只知道感情的美妙,却没有意识到它可能带来的伤害,而当将来一旦意识到时又已为时太晚,对学习和生活造成极大的影响,甚至影响孩子整个人生观。所以,老师有义务让孩子受到伤害前提醒孩子注意,让他们懂得去保护自己,避免伤害。

第四,审美教育,防患于未然。学生的成长过程中难免会出现心理波动,许多事情的发生不是可以事先制止的,所以应该尽早地对学生进行审美教育。一方面,让学生明白初恋是人生中最纯洁的感情之花,不论它开在什么时候都是应该珍惜的。另一方面,让学生明白异性间的接近是以倾慕为基础的,要想让对方注意自己,就必须让自己变得更出色。尝试过进行这样的引导后,学生会以一种更为纯洁的心理去对待第一份感情,也会学着让自己变得更出色,从这个角度去引导对他们的成长何尝不是一种动力呢?

第五,对早恋的学生不要大惊小怪,特别是才有早恋倾向的学生。有的同学起初并不是恋爱关系,只是相互倾慕。但这种普通的情感被误解之后,反而起到了"推波助澜"的作用。

综合学生的看法:异性交往不存在"对"与"错",因此也不应该有绝对的禁止和支持。如果当事人能很好地处理情绪、学习与交往之间的关系,那么就没必要干涉。对不能很好地处理各种关系的同学,家长和老师应该用朋友的姿态去和孩子探讨。最失败的方法就是拿过去的例子或别人的例子做材料说教,因为每个人情况都不同,所以这种话既没有说服力,又容易让人反感。

事实表明,对早恋问题宜导,不宜堵,如粗暴禁止、简单化处理,常常事与愿违。中学生对异性产生感情是青春期性成熟的标志之一,再自然、再真实不过了,关键是我们怎样引导。亚里士多德曾问他的学生:如何使一块肥沃的土地不长杂草?答案是:方法只有一个,种上庄稼。同样,要让学生的心灵洁净,情操美好,惟一的方法就是,用美德去占领它。

宽容对待学生叛逆期

一日,孙老师在课间的时候来到高二(3)班找他的课代表。还未进门,就听嘈杂的教室内一个男生的声音在喊:"哎,最逗的就是孙老师了,那头发,简直像方便面啊!"孙老师听完一怔,一只迈入教室的脚不知道该不该收回。正在犹豫中,学生们看见了他,顿时教室变得异常安静,似乎在等待着暴风雨的来临。没想到,孙老师在短暂的怔住之后,微笑着走了进来,左手一摸自然卷曲的头发,右手轻轻拍了拍说话的那个男生的肩膀,笑着说:"好小子,你可真行! 虽然我听着不雅,但你抓住了老师的外貌特征,还很有些创意呢!"那学生似乎还没有从惊恐中回过神来,哆嗦着辩解说:"老——老——老师,其实同学们都感到你特别亲切! 我也是觉着亲切才那样叫的,以后再也不敢了……"没等他说完,孙老师接着安慰道:"不要紧,我知道你也没有什么恶意。如果你觉得亲切,就尽管叫好了。"说完,叫了自己的课代表去办公室。留下那些学生们都愣在那里,继而哄堂大笑。

这起学生恶作剧事件就这样出其不意地轻松化解;而此后那个调皮的男生从此在孙老师上课时安静了许多。其他的学生对孙老师的态度也比以前更亲近了,很多同学都愿意找他聊天,跟他说自己的心事或者小秘密。

从生命的个体属性来讲,教师是"人",学生也是"人",他们在人格上是完全平等的。学生之间可以相互叫外号,成人之间也可以相互叫外号,尤其熟人之间如同学、战友等往往非得叫外号才显得亲切,那么这样想来,学生善意地对教师叫几句外号也就无可厚非了。如果教师都能放下师道尊严的架子,以尊重、博爱之心为学生开辟一处自由、平等的人性绿洲,那么我们的教师教学生活也就显得轻松、自然而幸福了。进而教师对学生的教育就更加得心应手,因为师生间的心理距离大大拉近,矛盾冲突的可能性被降到最低的程度,剩下的,只有融洽、和谐、愉快和信赖的教学氛围。

诸如上面这样的小案例确实可以给我们太多的启示。有时候一定要相信,补丁也可以绣成一朵花,天才往往曾经是丑小鸭。教育就是要促进人的发展,批评只是教育的一种手段,而不是教育的目的。教育的过程应该渗透智慧,寻求优化,对许多事情的处理,往往有比批评更好的途径,即便真的要批评也得讲究恰当的方法。教师,有时候必须要宽容一些。

青春期是一个过渡期,既属于儿童,也属于成人,身体发育和思维能力几乎和成年人一样,但在经济和情感上还需依赖父母,同时又渴望独立。青少年是"边缘人",意味着青少年想要回避成年人的责任时,言行举止往往就像是一个儿童。有时候他们提出成年人的权利要求时,又像是成年人。青春期家长的任务是帮助孩子"找到自己",帮助他们找到"我是谁"的答案。青少年的叛逆行为,也是他们寻找自我的一种方式。当然,这并不代表鼓励青少年用暴力和激烈的言辞与父母相处,而是去理解他们行为背后渴望被尊重的心理。帮助青少年是一件很困难的事情,给出建议而不代替他们决定,帮助他们得到自己所需要的,而不是给予家长认为重要的东西。青少年开始更关注同伴的交往和对自己的评价,这代表他们正在发展情感的自主性。青春期成熟过程中一个重要的部分就是孩子和父母情感纽带松弛。可以说青春期最痛苦的心理上的完成,就是脱离父母的权威,通过撤回对父母的感情,并把感情转向同伴来实现这个过程。而在成年期,人会转向自己的伴侣而彻底完成与父母的分离,成为情感独立的人。青春期的孩子有了自己的世界,不那么依赖父母了。如果有的父母过度依赖,补偿自己孩子时代的遗憾,或者婚姻不愉快的父母试图从孩子身上获得情感的满足,情感上过于依赖孩子,这些都会影响到孩子的情感独立,甚至影响到成年期寻找伴侣和正常的婚姻生活。

为了使 21 世纪人才适应知识经济时代的种种挑战，我国不失时机地提出了实施素质教育的方针。在人的全面、综合的素质中，心理素质乃是至为重要的一个方面。教师自孩子的幼年即开始关注孩子的心理发展是十分必要的。

1.让孩子形成良好的认知状态和认知品质。感受新知识、新现象，并不断将之纳入自己的认知结构，是未来人的一种新理念、新生活方式。它可使人们与人类文明保持同步，这也是未来人必备的一种心理品质。教师可在日常生活中培养孩子对新事物的兴趣，保护孩子的好奇心和求知欲望，并不失时机地让其掌握探究新知识的方法，鼓励孩子大胆想象，创造性地表现自己的各种感受。

2.培养孩子合作的社会性心理品质。孩子面对的人际环境中有家庭关系、友情关系、同伴关系等各种人际关系，教师要在孩子处理这些关系过程中加强与父母、老师、同伴的合作，使孩子形成合作意识，掌握合作技巧，并以此获得人际关系支持和相应的人际地位。

3.帮助孩子形成良好的情绪品质。教师要让孩子善于表达、宣泄、体察、控制自己和他人的情绪情感，以适应各种活动情绪的需要。在学习、游戏、生活等活动过程中，有意识地培养孩子的情绪品质。

4.指导孩子形成正确的自我观念。正确、积极的自我观念能规范自己的行为，反之则会出现偏激行为，对年幼孩子来说，教师既要让他们有"重要的自我"意识，也要有"重要的他人"观念，力图使他们在正确认识自我的基础上走出"自我中心"，学会关注周围的生活中的"他人"。

5.锻炼孩子的意志，当孩子在学习、生活中遇到困难时要让他们勇敢、顽强地面对各种困境。对于幼小的孩子，可以交给他一件力所能及的任务，并要求他持之以恒地去完成。

6.让孩子学会建构多元的性格特质。外向性和内向性性格都有其消极的方面,一个人在不同的社会情境下,应当具备与之相适应的性格表现方式。因此,教师要有意识地培养孩子多元的性格特质,帮助其克服自身性格方面的缺陷,以使其在不同情境下能作出适当的反应。

教师在和孩子沟通、交流的时候,是否时常会感到牛头不对马嘴,原本是关心孩子,可是他却不领情;想说点知心话,却发现孩子其实心不在焉,孩子在与教师沟通时是有选择性的,如果老师无法开启他的心扉,自然也就无法正确地与他进行交流,好话未必能起到好作用。

针对学生的叛逆期,教师应充分理解,并同家长一起,帮助孩子度过青春叛逆期。

关心话语:简练说

场景与假设

1.教师送孩子放学,出门前,边给他整理衣服边叮嘱他:"乐乐,路上要小心,过马路时要等绿灯,遇到生人别随便搭腔,遇到什么困难,记得找警察……"可是孩子嘴上回答好心里却在想:"老师好烦人,每天都说这些!"

2.家长去学校接女儿回家,一路上,边给她擦汗边关切地问:"苗苗,在学校听话吗? 有没有人欺负你? 还记得老师布置的家庭作业吗?"结果,女儿给她的回答却是:"妈妈,我的耳朵都要起茧了!"

事实与结果

在这样的交流与沟通中,教师与家长越来越无法理解孩子:这孩子怎么越来越讨厌我? 其实,每个孩子都渴望得到教师与家长的关心和爱抚,但"小大人"意识又使他们常表现出不愿接受的样子,尤其不喜欢家长"穷追猛打"式的提问和喋喋不休的说教。

应该这样做

有位聪明的老师曾在学生放学前故意问:"路上应该注意什么?"学生快乐而骄傲地回答:"注意安全!"由此可见,对于关心的话,教师和家长干脆、简练的嘱咐会更加有效。

知心话语：含情说

场景与假设

1.家长忙了一天了,回到家还要拖着疲乏的身体做饭,可5岁的女儿偏偏有道算术题不会做,过来找您帮忙。家长心里很烦,但压住火气跟她说"知心话":"甜甜,妈妈现在忙死了,作业待会儿再做,体谅下妈妈,啊!"结果,女儿去看动画片了,家长后来也忘了这事,第二天早晨醒来,女儿发现作业没写完,大哭大闹,不肯上学。

2.教师发现学生这两天心情不好,整天闷闷不乐,于是教师去和他说说知心话,沟通一下,可是,学生居然发脾气了,说老师侵犯他的隐私权。教师只能目瞪口呆,束手无策。

事实与结果

教师放下身段,想和孩子说说知心话,结果,却发现和孩子的距离越来越远。这是怎么回事呢? 其实,并不奇怪,随着孩子的渐渐成长,教师会发现,他内心的秘密越来越多了,有时,甚至用谎言来搪塞教师和家长的关心。

应该这样做

教师若想与孩子交心,首先要注意营造融洽的氛围。劝导孩子,也应注意方式、方法,比如:"同学们,老师给你讲故事,讲老师像你这么大时的淘气事儿……"就这样,两代人或隔代人的交流在不知不觉中完成了,知心话才能为孩子所接受、理解。

在当前,逆反心理是中学生中存在较为普遍的一种心理现象,对青少年的健康成长非常不利。如果不能及时加以引导和教育,很有可能出现青少年对人对事多疑、偏执、冷漠、不合群的病态性格,更严重者可能出现犯罪心理。

我们从教十几年,一直担任思想政治课教师,在中学生的逆反心理方面做出过许多研究与尝试。如何应对中学生的逆反心理,如何引导他们培养良好的道德情操和心理品质,家长、学校、教师都要有所"为",有所"不为"。

家长——走进孩子内心世界

父母应看到孩子的成长,尊重孩子的自尊心,信任孩子,了解他们的内心世界。苏霍姆林斯基说:"儿童的智慧在他的手指尖上。"而只有真正进入孩子的内心世界,才能了解他们丰富的智慧和细腻的内心世界,才能与孩子更融洽地相处。还要相信孩子有独立处理事务的能力,允许并积极邀请他们参与家庭的管理。比如,让孩子利用周末尝试做家长,由他们安排各个成员的活动,这不仅展示了孩子的能力,同时使他们做到了换位思考,加强了与父母的情感。家长应该避免以下 4 种错误的教育方式:

(1)打骂、体罚。这种教育方法不但不能使孩子认识到错误,还会使孩子产生强烈的抵触情绪,从而愈发倔强、暴躁,甚至走向极端。(2)哄骗、利诱。这样不利于孩子树立良好的生活和学习目的性,不利于孩子健康价值观的养成。(3)讽刺、挖苦。这会使孩子产生自卑心理,失去学习的信心,对家长的教育产生反感。(4)溺爱、迁就。这会使孩子变得娇生惯养、更加为所欲为。

教师——用"赞扬"杜绝"破窗"

中学阶段,学生两极分化趋势明显,与那些优秀的学生相比,那些暂时落后的学生更需要老师的关心和教育。这时候,肯定、鼓励和表扬显得尤为重要。泰戈尔说:"聪明的人懂得如何教育,愚昧的人知道怎样打击。"多找那些暂时落后的学生谈谈心,帮助他们树立"我能学好"、"我能成功"的信念,让他们真正感觉到老师在关心他、帮助他,永远不会放弃他,这样才能从根本上消除他们的逆反心理,促使其转变。

要用积极、鼓励的教育方式代替简单、粗暴的教育方式。"破窗户理论"给我们很大的启示。科学家将两辆外形完全相同的汽车停放在相同的环境里,其中一辆车的引擎和车窗都打开,另一辆则封闭如常,保持原样不动。三天后,打开车窗的汽车被破坏得面目全非,而另一辆则完好无损。科学家又在剩下的车窗上打了一个小洞,只有一天工夫,车上所有的窗户都被人打破,内部的东西全部丢失。这表明,人们往往认为坏的东西让它再坏一些也无妨。而对于完美的东西则会主动地维护它,舍不得破坏。

学生的心灵好比是车,是否完好无损,就看教育工作者的态度和维护的技巧了。表扬、赞美是一种认可、一种肯定,更能使孩子朝着积极健康的方向发展。

青少年——换位思考、克制自己

面对纷繁复杂的社会问题,青少年往往缺乏正确的认知能力。这时候,要学着从积极的意义上去理解家长、老师,抱着宽容的态度理解他们,还应该把握自己,经常提醒自己,虚心接受老师和父母的教育,遇事要先让自己冷静下来,克制住自己烦躁和倔强的情绪。同时,青少年还要提高心理适应能力,发展自我价值。

不可否认,逆反心理也有一定的正面效应,如自我意识较强、勇敢、坚强、好胜、能求异、能创新。还可以防止一系列不良品质的形成,如孩子在不顺心受压抑的时候,敢于发泄,不会有畏缩心理,也不会保守、逆来顺受。在充满竞争的年代,我们应善于发现青少年逆反心理中的积极因素,因势利导,培养孩子的健康人格和优良品质。

第七章　解决矛盾　化解冲突

　　师生关系是教育中最积极、最活跃、最能动的人际关系。和谐、融洽的师生关系在教学和育人过程中发挥着重要作用，它是保证教育效果与质量的重要前提。不仅如此，和谐师生关系也是构建和谐校园、和谐社会的需要。新时期的师生关系发生了明显变化，倾向性问题是教师高压、学生厌学、负担过重，师生之间知识传递的渠道在拓宽，而感情沟通的渠道在缩小。重建师生关系，已经成为构建和谐校园的当务之急。

对待矛盾的态度

上课了,语文教师胡老师像往常一样轻快地走进了教室。当她目光扫视全班后,发现坐最后排的阿力(化名)不见了人影,而桌子底下却散了一地的书本文具。教室里好像刚刚发生了什么事。学生们的眼光齐刷刷地望着胡老师,这些眼光中不乏疑惑和探询。阿力又怎么啦?这个男生平常就喜欢扰乱课堂纪律,并且自由散漫,很令人头疼。胡老师心里打了一个问号,但没有询问学生,只是要旁边的学生帮着把地上的书本收拾整齐放在阿力桌上,然后像往常一样上课。看到老师没有问什么,学生们也迅速全神贯注上起课来。

大概过了十几分钟,忽然,砰的一声,大家吓了一跳,教室门被撞开了,阿力气冲冲黑着脸大步走了进来。他两步走到自己座位上,又伸出手"呼"的一下把桌子上的书本全推到了地上,"哗啦哗啦"之声一片响。安静的教室顿时乱了,学生们发出一阵"啊"的惊呼,坐在后排的学生甚至站了起来。教了几年书,胡老师还从没见到如此狂妄胆大的学生,这太让人生气了。如果让这样的学生得意下去,那以后的语文课还怎么上,岂不会乱成一锅粥?其他调皮学生岂不会群起效仿之?学生们也纷纷议论,甚至有人说:"这下阿力可有好看的了,老师会把他拎到行政办去!"听到学生唧唧喳喳的议论,胡老师反而冷静下来,她想:平日里阿力已经对老师怀有很强的对抗情绪了,现在正在气头上,要是生硬地管教必然会激起他更大的反抗,还是等他平静之后吧。于是,胡老师用镇定的语气说:"同学们,我们继续上课!"学生们逐渐安静下来专心听课,阿力也坐在位子上不做声,一节课很快过去了。

下课后,学生们都跑去做操了,教室里只剩下胡老师和阿力。胡老师一边帮阿力捡东西,一边温和地说:"阿力,你今天上课这样子表现很不好,有什么意见和不满可以和老师说,可不能摔东西了。"阿力也一边捡一边小声说："老师，我刚才错了，对不起！班主任刚才批评了我，我心里有点不服气。胡老师您对我这么和气、宽容，我心里很内疚，以后我再也不这样了！"

认识到了错误的阿力又重新抬起了头，得到了老师的谅解，他安心、快乐地做操去了。

从上面的案例中，我们在如何看待师生矛盾冲突问题上有以下几点思考：

1.师生间矛盾作为一种必然且客观存在的现象，我们既然不能消除，那就要想办法将其降低到最小化。冲突发起，教师首先要冷静，学会换位思考，而不是迎风而上。

2.作为教育工作者，我们在追求教育意义的时候，应该会想到人人平等，并给予需要的学生以更多的关爱。案例中阿力如果不是一直被忽视或者被严重批评，可能情绪不会有如此大的波动。

俗话说，锅勺儿难免碰着锅沿儿。师生共同工作、学习在一起，长时间相处于学校集体中，每天都有频繁的接触，双方之间产生、存在甚至爆发矛盾都是随时有可能的。矛盾并不是十分可怕的事情，关键要看怎么去处理。教师作为矛盾中的主要一方，一定要寻求一个科学有效的途径，这样才能保持师生间良好的关系状态。

当师生发生矛盾的时候，教师一定要保持冷静的态度，不要一触即发，要有一种处变不惊的大将风度，不能遇到事情自己比学生还要激动、还要盲目。教师应该用理智驾驭情感，大事化小，小事化了，同时也没有必要因学生一时的不敬、一次的恶作剧或一次的冲动等耿耿于怀，学生总归是孩子，成长中必然伴随着错误。

在心理学上有一个"宣泄效应"，它启示我们，教师要积极引导学生把不良情绪释放出来，这样既能使学生思想和精神保持轻松愉悦，提高学习效率，而且能促进师生之间的相互理解和尊重，有利于良好师生关系的确立。比如,有的老师,一听到学生在背后说自己坏话,就火冒三丈怒不可遏,甚至对全班学生一通狠批,其结果只能使教师在学生中的威信更低,造成师生关系更加紧张,久而久之,发生个别学生当面顶撞现象,就在所难免了。而一些有经验的老师,在遇到类似情况时,干脆顺水推舟,在课堂上让学生大胆给自己提意见,然后和他们坦诚交流,虚心接受,耐心解释,大度、豁达、平和、理智的心态,一下子就拉近了和学生的距离,让学生感到教师平易近人、和蔼可亲,从而教师也就得到了学生的理解、尊敬和爱戴。

具体来讲,当矛盾事件发生时,教师的态度宜冷不宜热。面对学生与自己的冲突,不激动、不发火是不可思议的,但作为教师必须要学会冷静处理。先稳住自己的情况,不能怒目相对甚至不顾一切地大打出手。将事情迂回一下,采取事后沟通解决的办法,这样有利于避免"火上浇油,愈演愈烈"的后果。

首先,事件发生之后,教师宜静不宜动。一些教师在矛盾发生后,因为急于解决或觉得自己太委屈,便急着找还未完全平静的学生谈话,或者干脆到学校领导甚至学生家长那里告状,试图寻求对自己有利的解决办法。但我们应该知道,发生冲突事件后,其实大多数学生的心理会比教师更敏感、脆弱。如果这时候再被找家长或学校叫去刺激,就很容易产生更坏的情绪,导致更严重的后果。因此教师在事情发生后,不要急于采取行动,而要静下心来思考,想一想为什么,怎么办,自己在处理问题的过程中有哪些不足,尽量与学生进行沟通解决。

其次,在处理矛盾的过程中,教师的态度首先要真诚。虽然学生"不敬"事件或多或少都会在教师和学生心中留下阴影,但如果不真心实意地去解决问题,矛盾说不定反而会更加恶化。另外,除了诚恳,还需要宽容。矛盾的产生毕竟是双方的原因,教师作为师长,应首先自觉地反省,找到自身的不足,给予学生最大的谅解。

在矛盾的处理方面,我们上面提到过,教师首先要静下心来思考解决方法而不宜急于采取行动,要尽可能选择一个更为合适的时间,以学生更能接受的方式,给学生一个反思的机会、感悟的机会,也给学生一个改正和提高的机会。心急的教师在发生师生矛盾的时候,便急于解决,或高声训斥学生、拍桌子瞪眼睛,或找学生家长告状,或把学生交到政教处。可是大部分敢于和老师发生矛盾的学生绝不会就这样轻易屈服,师生之间的矛盾冲突大多因此而产生。其实,师生之间不可能有什么根本的利益冲突,不论什么事情,如果自己能解决的,就不要再扩大到学校,更不要去找家长。如果轻易采取一些粗暴的方式,几乎没有任何的教育效果,反而常会把事态无端扩大,不好收场。

还有一个就是情感态度的问题,我们在上文也曾提到。教师在冲突之后的事后处理上,千万不要盛气凌人、责骂训斥,而要善于和学生沟通,用真诚的态度询问分析,要对学生显示出最大的尊重和耐心。一位教育学家说:"儿童身上没有任何东西是需要教师严酷对待的,如果儿童心灵中出现了毛病,那邪恶首先要靠善良来驱走。"其实,很多时候我们如果能站在学生的立场想一想,不仅可以理解学生过激的行为,更能够让自己有一个平和的心态,更加利于问题的解决。成功的教育在于激发心灵的力量,师生真心交流是化解矛盾的灵丹妙药。

另外,老师在处理矛盾的时候,还要把握好批评的尺度。苏霍姆林斯基说过:"有时宽容引起的道德震动比惩罚更强烈。"因此,教师在解决这些矛盾的时候要以宽容为怀,就事论事,点到为止,不要和学生斤斤计较,更不能上纲上线。例如,一位教师在与同事的一次聊天时,聊起某某学生没有完成作业的事情,结果好几个教师纷纷表示:这个学生总是故意和老师作对,品质十分败坏,简直无法管教等。教师们的这种思维方式是非常令人担忧的。一个一没偷二没抢三没骗的学生品质能恶劣到什么程度?即使是作业没有按时完成,其实也只是属于一种很正常的现象。作为教师应该怎么办？训斥？惩罚？讽刺？显然，这些做法都不是解决问题的根本。我们首先要做的就是了解其没完成作业的原因：是由于偷懒还是忘记，是不想做还是不会做？事实证明，大多数学生不完成作业的原因是后者，他们不是不想而是不会！只有找到了这个真正的原因，我们才能采取一些真正帮助学生补救知识缺陷的措施，而不至于只会盲目地批评指责，给学生贴上品质恶劣的标签。教师的过度批评，极易引起学生的反感，产生抵触情绪。长此以往这样对待学生，早晚有一天事情会慢慢积聚，矛盾由量变到质变，直至爆发。

巧妙应对矛盾冲突

某中学的一次古文课上,教师正在台上给大家讲解《邹忌讽齐王纳谏》一文。鉴于学生本来就对古文不太感兴趣,嫌词句深奥难懂,所以教师尽量讲得言语生动些。在进行到教师和全班同学一起分析邹忌的外貌描写的时候,忽然发现坐在讲台旁边的一个男生正趴在桌上画什么,十分专注,连教师走到他身边居然都没有发觉。

在确定了这个男生没有认真听课而在干与课堂无关的事情以后,教师心里十分生气。毕竟,这是一堂花了很多心血,而且刚刚同学们的反映也非常好的课,而现在这个学生却如此表现。但尽管怒火中烧,教师还是保持住了理智:批评他只会让他更厌烦语文课。于是教师冷静了一下,然后轻轻拿起学生的草稿本,看到上面居然画了一只惟妙惟肖的猪。这时,教师灵机一动,举起草稿本对同学们说:"你们看,李小东(化名)同学理解的邹忌居然是这副模样。"全班同学哄然大笑,那名男生红着脸深深地埋下了头,他知道,自己错了。教师见状,觉得有必要给他一个台阶下。于是又说:"李小东,你起来把描写邹忌的句子读一遍,再用自己的话说说他长什么样子。"待学生顺利地回答完问题后,教师接着说:"好,那你下去根据你新的理解再画一幅画,我们下节课一起来欣赏好吗?"学生听后很高兴地点点头。后来竟真的画了一幅美男图给同学和老师看。从此,这名学生上古文格外认真,再也没出现违纪情况。

当矛盾面临爆发的时候,教师如果可以话锋一转,来一下俏皮的小幽默,那么周围的氛围便会立刻变得缓和,这种方式我们可以称之为"幽默式"或"冷处理"。幽默风趣的语言胜过任何的说教,心理学的研究表明:任何人都不愿意把自己的错误在公众面前"曝光",一旦被人"曝光",就会感到难堪或恼怒。因此,在课堂教学中,倘若学生做出了与教学不协调甚至大煞风景的举动,教师应更加冷静、镇定。可委婉地用手势、幽默的语言或眼神暗示该学生,让该学生心里明白老师的用意:巧妙地批评且点到即止。这样既保住了该"调皮"学生的面子,又及时制止了其错误的延续,更能让课堂教学顺利进行。课后,老师选择适当的时间、适当的地点主动找学生进行交流、沟通,以便达成共识甚至日后的默契。

师生矛盾经常由课堂上的偶发小事引起。一个经常迟到的学生,在你讲得津津有味时,闯进教室;安静的课堂上,忽然有学生嬉笑打闹;学习测验前,你三令五申严肃考纪,但巡视中却忽然发现某某正在抄袭……这些事情的发生,破坏了正常的教学秩序,常常使教师非常恼火。但如果处理不当,就会使事情恶化,造成很坏的影响。那么,在课堂教学中,如果遇到这类事件,应该怎么处理? 有没有让教师们值得遵循的规律或者原则呢?

课堂违纪现象时有发生,似乎也不可避免。怎样对待课堂的违纪现象是一项艺术,它关系到教师对课堂的调控,也关系到师生间的和谐关系。一句看似简单的训斥,损伤的是学生的自尊,影响的是课堂氛围,更重要的是师生间的和谐关系会受到损害。因此,在对待违纪学生时切忌简单粗暴。当然,放任自流更是一种错误。

苏霍姆林斯基指出:"课堂上一切困惑和失败的根源,绝大多数场合都在于教师忘却了:上课,这是教师和儿童的共同劳动,这种劳动的成功,首先是由师生关系来确定的。"我们必须承认,教师是问题解决的关键所在。

教师在处理课堂冲突过程中,应遵循以下几点原则:

一要随机应变。一次上课中,教师由于疏忽,对一个问题理解错误,结果在讲解还未完成时,有一个学生小声说:"老师,不能这样做!"教师正在纳闷,忽然从后面传来一个经常违纪且屡教不改的学生的嘲笑:"嘿嘿,还当老师呢!"这一声怪叫,全班齐刷刷地把目光投向他。教师当时确实气愤,恨不得立刻训斥学生一顿,但转念一想:"算了吧,别因为他伤自己的身体又耽误大家的学习。"于是,反而变脸一笑,说:"是啊! 都怪老师太粗心,希望同学们做题要引以为戒。"学生们点头默许。教师又接着说:"同学们,老师不是圣人,难免会犯错误。我为自己的错误向大家道歉。但是,我们并不怕犯一次错误,最怕的,是有人故意犯错,并且老是不改正错误!"听到教师这样一说,立即有许多学生回头瞅那名学生。在同学们注视的目光下,他乖乖地低下了头。中肯的几句话,就把消极因素转化为积极因素,从而确保了教学任务的顺利完成。

二要因势利导。学生课堂违纪,常常是怀着某种故意炫耀想引起注意的心态。教师在应对时要根据当时课堂的整体状态,并结合其与教学内容的特定联系,迅速地调整课堂气氛,灵活地化解。例如,一次教师在讲初一数学中"去绝对值符号"的问题,刚说完"绝对值里面是负号时,如果把绝对值符号去掉,则里面的数要变号"这个地方,突然有个学生怪声怪调地说:"变好?"紧接着另有学生嘟囔:"变好,还变坏呢!"顿时,全班一片大笑。教师也被激得非常气愤。但是,正是学生的插嘴却使教师突然灵感顿生,于是高声说:"太对了! 就是要变好,大家要记住:绝对值就像监狱,如果坏人(负数)要想从里面出来,就必须要变好(变号的谐音)。不信,你们进去变变试试。"于是,学生又一阵欢笑。教师这样的处理,既没有干扰正常教学,还使学生更加深刻地巩固了知识,也受到了一定的思想教育。更重要的是,没有使师生间感情恶化。

三要把握分寸,也就是前面所说的批评要有尺度。尤其当师生在课堂发生矛盾冲突时,教师一定要学会克制和冷静,把握好处理的分寸,绝不能图一时的解气而当众羞辱和训斥学生。如果教师发火,不仅耽误正常上课的时间,而且有时会导致师生关系的恶化,也影响教师的整体形象。有人说:"批评最好用电话,表扬最好用通告。"当面的急赤白脸通常不会有好的结果。

另外,在课堂教学中,师生间的情绪互动非常重要,任何一方的情绪波动都会引起对方的连锁反应。作为教学活动的组织者,教师首先要积极地掌握情绪的主动权,尽量避免学生的消极情绪影响课堂教学活动,进而影响教学效果。恰到好处地运用表情动作,能更好地感染学生,提高教育教学效果。同时,教师还可以通过学生的表情动作了解学生的心理状态,以便有针对性地进行教育教学。当学生集中注意力于教学活动过程时,他们的情绪变化很大程度上取决于教师基于教学内容而产生的情绪和基于学生心理需求而产生的心理变化。这一阶段,学生的面部表情、身体表情和言语表情也随之起伏变化:或微笑,或木然,或嗤之以鼻;高兴时,捧腹大笑;骄傲时,趾高气扬;紧张烦躁时,坐立不安;恐惧时,手足无措;沉痛时,俯首肃立;愤怒时,捶胸顿足。另外,这些情绪反应还会受学生个体性格特征的影响。是否具有积极的情绪取决于学生参与教学活动所获得的教学效果。对于课堂教学活动来说,理想的学生情绪变化应该是平稳的、愉悦的、乐于接受知识的。但大多数的实际情况是上课铃响后,教室内的学生还在聊天,或随意走动,或懒散地趴在桌面上,没有积极地准备迎接新的教学活动。我们说,这样不但使学生情绪消极,还会进而引起上课教师的消极情绪。因此,教师在遇到类似情况时应想办法克制自己,压制不良情绪的表现,否则只会使事情恶性循环。

批评不是解决矛盾的方法

传统的批评方式不是数落便是指责，反抗就挨打，甚至并伴以其他惩罚、恐吓、威胁等手段，使学生认识自身的错误，并承诺下次不再犯同样的错，这种方式往往被一些教师认为是最直接、最有效的办法。但事实证明，这种简单粗暴的批评方式并不能从根本上解决学生的问题，还往往在学生的心理上留下阴影，对学生将来的发展产生不良的影响。因此，我们说批评绝对不是教育的目的，更不是教育中唯一可循的手段。

在处理学生问题时，许多教师都是简单地把"学生承认错误"看做是其教育的成功，看做是处理"打架""不做作业""偷盗""顶撞老师"等事情的结尾。殊不知，这往往连开头也算不上。多年的教学实践案例与实践经验告诉我们，学生犯的大多数错误，其实在他犯错之前就已经知道这是错误的了。从某种意义上说，就是明知故犯。如果只是在口头上承认"我错了，我下次不敢了"，而不知原因何在，不知今后应如何避免，那么这些认错又有多大意义呢？从科学的教育角度看，这种"认错教育"根本不需要教师动脑，不需要教师进行分析和研究，在多数情况下都属于无用功，学生不久又会违纪犯错。

多年从事中学生教育教学的王凯之老师讲述了这样一则真实的案例：

"前几年，我曾处理过一个偷卷的学生。那时我教初一数学，担任班主任。班上有一个从东北转来的同学叫郑树杰。树杰其他成绩倒还算可以，唯独英语特别差。差到什么程度呢？他开始学习英语的时间比我们这里的学生整整晚了一年，因此转学后的几次考试，他都没一次超过50分。这孩子有些泄气，他的父母也非常着急，我更想帮帮他。可怎么帮呢？想了好几天也没找到切实可行的方法。这时，正好学校要组织段考。考前一天午睡该我值班，那天我刚要进办公室，就见树杰慌慌张张地从里面出来。我立即叫住他,一看,他手里拿着一张英语试卷。树杰涨红的脸告诉了我一切:竟敢偷卷!真想把他狠批一顿!可看着他那羞愧的样子,心想:算了,他太想有个好成绩,这本是一件好事呀。何不抓住这个难得的契机呢!于是,灵机一动,我坐下来,把他拉到身边,把试卷从头至尾给他辅导了一遍,又叫他拼命地背。结果,在段考中他破天荒地考了78分。没等英语老师(他家在校外,所以中午一般不到校)看完试卷,我就先在其耳边吹风:这一周,树杰学习英语积极性很高,连续好几天中午都不睡,专门来办公室找我给他辅导英语,我虽然不太懂,但感觉他进步不少,如此云云。等成绩出来后,英语老师果真对树杰大加表扬。我叮嘱树杰,只要充满信心、加倍努力,就一定会赶上去的。三周后,第二次段考。我干脆亲自偷出了一份试卷,又提前给他讲了一遍(平常学校或教师自己组织的英语考试没有听力),这次他竟取得了86分。老师的表扬,同学们的羡慕,使树杰信心更大,学习积极性更大,我不禁为自己的良苦用心而高兴。逐渐地,在课后也经常听到英语老师对他的表扬了。就这样,三个月后,全市举行了统一检测,成绩显示:树杰的英语学习已经进入中游行列!此后,这孩子的英语成绩稳步上升,后来以优异成绩升入了重点高中,英语不但没拖后腿,反而成了提分的那一科。"

听罢王凯之老师的案例,我们不禁感叹:同样一个错误,揭发惩戒还是变相激励?两种不同的选择居然可以有如此意想不到的"奇迹"。批评,有时候方法尤为重要。

教育是手段,更是目的,为了达到这样一种目的,很多学校教育中都采取批评、惩戒的手段。小则对学生言辞犀利地批评,大则给学生施加这样那样的惩罚措施,通常,我们将学校、教师对学生的不良行为给予否定性评价并采取一定措施使之改正的手段统称为"教育惩罚"。

在我国,教育惩罚古已有之,"打是亲,骂是爱,不打不成才"、"棍棒底下出孝子"、"放下棍子,宠坏孩子"等俗语就是最好的说明。那么,"教育惩罚"在我们当下的教育体制和理念中是否具有正确性和必要性呢?国外对教育惩罚的认识较早,特别是学习心理学家对惩罚进行了大量研究。桑代克、斯金纳和格思里等认为,惩罚本身并不具有强化作用,惩罚只能削弱某种行为倾向,并不能使受惩罚者形成新行为。勒温、布鲁纳和班杜拉认为,外部惩罚不可能自动地影响学习者的行为,而应重视其如何对行为过程的影响方面,只有当学习者将外部影响内化为内部的经验时,才能调控其行为。

事实已经证明,虽然教师们都出于一个善意的教育目的,渴望有一个良好的教育结果,但批评惩戒并不是最佳方法。教育目的的实现,还需要教师跟学生产生一种内心的共鸣。把学生看作自己的朋友,以对待朋友的方式同学生相处,让学生感受到老师的平等真诚,能敞开心扉同老师作朋友。

面对一个个鲜活的生命个体,教师如果没有研究,所有的教育方法就会变成盲目、武断、机械的教条。其实,每一件事只要用心去想,都能找到最佳的解决途径。任何事情的成功,都是因为能找出把事情做得更好的办法。无论处理什么问题,我们都要以使学生受到教育、促进成长为目的,以问题为中心,就事论事,千万不要上纲上线,无故站到学生的对立面。

第八章　沟通方式的多样化

　　老师与学生沟通交流的方式是多种多样的,而不是仅仅局限于课堂上的40分钟。老师要想和学生做朋友,就必须利用好课堂以外的时间去和学生进行交流。当然,如果能运用上现代科学技术手段就更好了。只要老师能够找到和学生的契合点,那么成为学生的朋友将不再是难事。

文体活动中的"火花"

在中小学,学校和班级都会组织各种类型的文体活动,丰富学生的业余生活,培养学生的集体精神。教师可以很好地利用这些文体活动和学生们进行沟通和交流,从而在活动中和学生擦出"火花",成为学生的朋友。

1.拉近师生关系

言传不如身教。在学校组织运动会时,教师应始终和学生在一起。在路上与学生一起接受评比小组的检阅;在看台上始终与学生坐在一起,为运动员摇旗呐喊。因为只有教师坐得住,学生才能坐得住。

运动会是拉近师生关系的最佳时机。在运动员赛后,教师对其及时给予鼓励和关心,这是非常重要的。必要时,为他们捏腿放松、绑鞋带、倒水、搀扶以及对运动员失败后的安慰……所有这些都能拉近老师与学生的关系。

作为教师,让学生们看到自己的激情更会使学生加深对教师的好感。因此,在教师的比赛项目中,教师主动参加,大部分原因就是让学生看看老师不仅仅是说教者,也是实践者。其实老师是那么容易接近,并不是遥不可及的。在运动会中,学生为自己的老师加油,那种心情是平时的学习生活中无法获取的;在文艺表演中,学生看到老师在台上尽情舞蹈、歌唱,会生出对老师的崇拜和亲切感。

下面是一位学生的运动会感言:

想必大家都知道运动会的滋味如何吧!但你们尝过在比赛中摔跤吗?不用想肯定是没有吧,我却有这样的经历。在县运动会举行的800米比赛中,我就尝过了这种滋味,开始时我一直谨记着老师讲过的那句"开头不要争第一"的训诫。于是,开始时,因为人太多,我被挤到了最后,后来又追上去。直到第二圈,我摔倒了,随即便咬牙站了起来,虽然腿很疼，虽然没有取得第一名，但是我依然觉得自己胜利了。因为在摔倒的那一刻，我想起了刚刚结束的教师200米决赛，我的班主任王老师在中途摔倒了，可是他又坚强地站了起来，跑向终点，回来后他告诉我们说："要像老师一样不怕失败，战胜困难。"

这是一个多么好的和学生交流、教育学生的机会啊！

2.看到学生闪光点

有很多学生在平时的学习生活中，表现不算突出。平时，老师虽不会有意疏于教导，但因为发掘不出这些孩子的闪光点，所以很难与这类学生建立良好的师生友谊。

但是，在运动会上、在联欢会上、在拔河比赛中、在"小歌手"选拔中……每一个孩子都可能将其不为人知的闪光点表现出来，这时候，教师就应该适时对这样的孩子进行鼓励和表扬。学生在这一过程中不仅获得了存在感，同时，也会对老师表现出前所未有的信赖。

下面是一个中学生的日记节选：

演讲比赛结束了，我的心还是久久不能平静，想想自己在台上出色的表现，想想同学们肯定而羡慕的眼光，我觉得非常骄傲和自豪。更重要的是，在演讲比赛后，数学老师对我说："小静，今天在台上的你真是光芒四射，你可以成为一名出色的演讲家。"因为得到了这样的赞美，我的心别提有多甜蜜了。以往，我的数学成绩稍差，从来得不到数学老师的关注，这一次，得到数学老师的肯定，我一定会更有信心面对以后的学习。数学老师，我真的很喜欢你。

从这位中学生的日记中可以看出，文体活动中老师关注到学生的闪光点，对学生是一种多么巨大的鼓舞。

3.培养学生的良好品质

文体活动不同于平时的学习活动，在文体活动中，学生可以快速、直接地获得一些良好品质的规范。比如：集体主义精神、不怕困难的精神、勇敢果断的精神等。

　　一般,在运动会之前,一些教师就会给学生灌输"集体"荣誉高于一切的理念。只有大家团结一致,携手共进,才会共同进步,优秀的班集体方能造就优秀的个人。在文艺比赛之前,老师也会鼓励同学们积极参与,不怕输!

下面是一位同学的运动会感想:

　　从挂满果实的树中,我们读出了成功;从汗水浸湿的运动服中,我们读出有付出,才有回报。回想赛场上,那一个个飒爽的英姿,那一个个矫健的步伐,那一张张不服输的笑脸,正是这种精神使我们取得了道德风尚奖。虽然我们的总体成绩不好,但是比赛重在参与。从挂满果实的树中,我们懂得了勤劳的重要性;从汗水浸湿的运动服中,我们懂得了努力固然重要,但要懂得方法。在比赛过程中我们学会了照顾自己,我们看到了集体的力量,同时我们也看到了自己的不足。只要我们积累经验,再多付出一些汗水,我们相信,总有一天,我们会到达理想的高峰。

　　如果这位同学的老师看到这样的感想,一定会会心一笑的。哪一位老师不想在文体活动中和学生擦出"火花"呢?把握机会,尽心尽力,那么一定可以和学生成为非常好的朋友。

快乐的郊游

组织学生开展郊游活动,对开阔学生视野、培养集体主义精神、陶冶高尚情操、提高爱国主义思想具有积极的作用。更重要的是,在郊游过程中,老师和学生可以更好地做双向了解,从而拉近师生关系。带队老师在郊游过程中所要做的工作和所面临的问题,与在校园里、课堂上所面对的情况相比,在重点和内容上有所不同。组织好郊游对于老师和学生交朋友至关重要,那么,老师如何才能组织好郊游呢?

1. 扮演好领导者角色

之所以提出带队老师要担当"领导者"的角色,是因为开展郊游活动的带队老师要考虑的问题、要组织的工作、要面对的情况,比课堂教学、校内团队活动等工作要全面、丰富甚至复杂得多,如晕车、晕船、意外受伤、掉队等情况都有可能在郊游活动中出现。这是对带队老师特别是年轻带队老师的一种考验,其中有一个环节处理得不好,就可能影响整个活动。因此,带队老师作为"领导者"是在思维方式和工作方法上对平时的班主任工作进行适当的拓展、改变和提升,从一个"领导者"的角度去组织、指挥好有关工作,把自己所带班级几十号人有条不紊地统领在自己的麾下。可以设想,假如没有一定的组织领导能力,带队老师要想在郊游活动中做好组织准备、安全预防、后勤保障、协调配合等项工作,是不容易的。所以说,带队老师在郊游活动中实际上应扮演一个领导者的角色,充分发挥自身的组织领导能力,保证郊游活动的顺利进行。

2.扮演好解说员角色

郊游活动中,学生的所见所闻比在课本上读到的要具体形象、生动真实得多。无论是田园风光、锦绣山川,还是人文景观等,都是对学生的阅历和视野的一种丰富和拓展。要使学生在郊游这一有限的时间和空间里,更好地增长知识、开阔视野、陶冶情操,带队老师就要担当起"解说员"的角色。带队老师在郊游活动中,不能像学生一样仅做一名参观者,而要兼做一名能帮助学生欣赏景物、解惑释疑、激发求知欲的"解说员",自然而然地把教书育人、传授知识的崇高职责体现到郊游活动中去,尽自己的能力把蕴含于景物中的知识点表述出来。这样既能使学生增长知识、增加见闻,又能增添活动的乐趣。带队老师最好在事前对与本次活动的内容有关的资料进行查阅,以便胸有成竹地当好解说员的角色。这一看似寻常的工作会深刻地影响学生。

下面是一个老师的自述:

我曾在一次雷州西湖郊游活动中,在苏东坡塑像前给学生讲述苏东坡的生平事迹及其在宋词上的文学成就。事隔多年后,当年的一位学生在给我的来信中说:"……我至今还记得那次郊游,您为我们讲述东坡词的情景。今天我作为一名主攻宋词的研究生,宋词的魅力从那时就深深地吸引了我。"

可见,带队老师扮演好解说员的角色是多么重要。

3.扮演好观察家角色

学生参加郊游活动,走出了家庭和学校,展现在他们面前的是一个新鲜的、充满魅力和欢乐的世界。他们暂时离开了紧张的学习,在心理上比较轻松、自由,乃至无拘无束。这一相对宽松的环境,是学生们展现真实性格、流露内心情感的时候。带队老师要在活动中做"观察家",细致地观察、了解学生们在活动中的言谈举止,全面地了解学生的性格特征,以便更有效地做好教书育人的工作。只要带队老师做观察工作的有心人,就一定会发现学生世界是多么丰富多彩,也一定会对自己的学生有一个更全面、真实的了解和认识,甚至一些在日常教学教育过程中很难得知的学生情况也会被你察觉。

4.扮演好主持人角色

郊游活动一般来说内容比较丰富。除参观游览景点之外,在途中、住地举行各种文娱活动也为学生所喜闻乐见。因此,带队老师还要扮演又一角色——主持人。特别是对于低年级的学生,带队老师在组织他们开展这类活动时,做好主持人的工作更是至关重要。带队老师可结合郊游中的内容,根据学生的具体情况,灵活地开展多种活动。带队老师要充分发挥临场主持能力,做好穿针引线、起承转合的工作,调控好活动气氛,使学生热情参与,使郊游成为一次生动活泼、意趣盎然、健康文明的教育活动。

带队老师主持这类郊游"活动中的活动",要在时间、精力等条件许可的情况下进行,并不强求一律。活动的开展,有利于培养学生的集体主义精神,提高团队意识,丰富旅途生活,增进师生感情。

一次愉快的郊游活动,不仅仅是学生们的期待,也是老师的期待。只要老师扮演好自己的各种角色,就一定能带领同学们进行一次愉快的旅行,同学们也会欣然地把老师当成朋友。

电子邮件的作用

在网络还没有如此发达的往日,书信曾经是人们交流沟通的主要手段。当语言形成文字后,有不可替代的魅力和作用。如今,电子邮件的出现更是为许多人所推崇,如果教师能够很好地利用这一平台和学生们交朋友,那么将会很大程度上拉近师生关系。

老师可以向学生们提议:每周末在闲暇时间给老师写一封电子邮件,说说自己在学习、生活中产生的疑惑和感想,并把自己的电子邮箱公开,以便与同学们更好地交流。

这样做,有哪些好处呢?

1.了解学生

老师在查阅电子邮件的过程中,会发现学生的电子邮件中涉及到的内容很多,有的是家里发生的一些琐闻趣事,有的是学习上遇到了困难向老师求助,还有的是反映班级生活中的情况……他们或高兴或难过,或愤怒或着急,从他们的字里行间老师能够触碰到他们鲜活有力的心跳,能够倾听到一句句发自肺腑的倾诉。这在面对面的师生交流中是不可能实现的。

以下是一个学生给班主任老师的电子邮件:

尊敬的陆老师:

您好!这是我第一次鼓起勇气给您发邮件。虽然我知道你是个好老师,可是我还是不敢和您说话。老师,您真的很好,让我有机会可以在信中和您说话。我们马上要毕业了,我知道我的成绩不好,但是我会从今天开始认真起来,希望老师您能相信我。在上课的时候,请您多提问我,要是答不出,就原谅我或者成(惩)罚我,可以吗?希望我在您的帮助下,能多学一点,最后能够顺利毕业。

陆老师,我还告诉您一件事,我想问问是谁的错。您让坐在窗口的同学负责开关窗户,可我后面的李剑秋,他一会儿叫我开窗子,一会儿又叫我关,好几天了,我不照他说的做他就要骂我,我虽然成绩不好,但是也不是他的手下,对吗?

祝您身体健康,工作顺利!

您的学生:纪海燕

我们再来看看纪海燕的老师是如何回这封邮件的:

海燕同学:

你好!你的邮件老师看到了,你写得非常好,老师为你感到骄傲!老师很高兴你把自己的心里话告诉我,让我成为你的朋友。

老师一直以为我对我的学生都是很关心的,也一直以为我的学生是不怕我的。看了你的邮件,我才知道我错了。我并没有真正地尽到一个班主任的责任,并没有照顾好每一个学生。海燕,老师要谢谢你,谢谢你让我明白了自己工作中的缺点,知道自己还有一些工作方法不恰当,使得你,或其他同学不敢和我说话,不能真正地了解你们的需要,老师以后会好好对待这个问题的。李剑秋同学的做法肯定不对,老师一定会和他说,相信他也是个通情达理的人。

海燕,有件事老师要对你说,你对自己不要那么没有信心,你应该是很棒的。知道吗?在老师眼里,你是个听话的学生!作业本上,你的作业越来越整洁,"优秀"也越来越多,老师为你的进步感到高兴。希望你有不懂的立即请教别人——我会让大家一起帮你的,不管有什么困难都要告诉我,老师一定会帮你想办法解决的。就像今天这样,老师真的很高兴你能把我当知心朋友。

其实有时候,一个人战胜了自己的弱点,他也就慢慢长大了,成熟了。像你,你已经是个大孩子了,已经懂得不少道理了!记住:只有不断取得进步,别人才不会小瞧你,相信自己就等于成功了一半!

祝学习进步,心情愉快!

你的朋友:陆老师

很快,纪海燕又给老师回了一封邮件。只有一句话:"陆老师,谢谢您!我会努力的!"

在平时的学习生活中,老师不可能做到事无巨细地去了解学生,而电子邮件快捷地解决了这个问题,学生们把自己的情况写在邮件中,老师可以及时发现问题,从而解决问题。

2.教育学生

在众多学生发来的电子邮件中,教师会发现许多略带稚嫩的言语,甚至还带着一些错别字。教师通过这一平台,可以深谙学生作文功底,在某种程度上,还能对学生的语文能力略作指导,从而间接提高学生的能力。除此以外,还有更重要的一点,即教育学生懂得爱与感恩。

下面是一位老师在教师节收到的邮件:

9月10日是教师节。在人们成长的路上,不管是伟人,还是普普通通的老百姓都不能离开老师的关怀。三年来,您每次都无微不至地关心我们,细心地教导我们,让我们学会了许多的知识,明白了很多道理,还教会了我们怎样做人……

著名教育家夏沔尊说过:"教育没有情感,没有爱,如同池塘里没有水一样。没有水,就不能称其为池塘,没有爱,也就没有教育。"爱的力量是无穷的,教师只有深深地爱学生才能取得他们的信赖。通过互发电子邮件,老师与学生之间有了心的沟通。

3.发现学生的优点

在班级工作中,教师应该处处用心去观察,用心去发现每一个学生的优点。利用电子邮件,教师可以把发现的优点传达给学生,激励、鼓舞学生。

下面是一位老师写给学生晓君的邮件：

晓君：

你好！

首先，晓君，我们为你骄傲！这几天，你的表现真让我和同学们感到高兴。看，现在的你，上课是多么的认真，你那端正的坐姿，成了同学们学习的榜样。

今天的晓君跟昨天的晓君真是判若两人，我相信你会明白老师和同学们更喜欢哪个你。今天老师写这封信给你，一是我和同学们对你表现的支持；二是希望你持之以恒，一直这样坚持下去。

还有一件事要和你商量一下，今天赵佳洋跟我说想请你做他的小老师（这说明，你在同学中有一定影响力哦），相信你一定会同意的，会帮助她好好地学习。这样，可以在帮助他人的同时不断地提高自己。只有这样，你才能不愧为一个小老师，不愧为老师的好帮手。

今天，又是一个新的开始。祝你天天进步！

王老师

相信晓君在看了老师的这封邮件后，一定会受到鼓舞，继而更好地表现，把自己的优点更多更全面地展现在同学和老师面前。

苏霍姆林斯基说过："我们的教育对象的心灵绝不是一块不毛之地，而是一片已经生长着美好思想道德萌芽的肥沃的田地，而我们老师就是要在学生这一块心灵之地上，让美好的思想道德成长为一棵参天大树。"电子邮件的交流，让师生的心靠得更近，让师生真正走进了彼此的心灵。

微博的魅力

微博是现在比较流行的交流平台,如果哪位老师能够很好地利用这一平台去和同学们进行沟通,那么他一定会被同学们称为"够酷""够时尚",同学们也会乐于和这样的老师交朋友。

微博是现代人生活的良师益友。这个小小的平台,联系着大大的世界。微博的作用可以不言而喻了,微博的基本功能也不需要在此复述。

那么,教师该如何利用微博和学生们互动呢?

在学生眼中,很多人感觉与老师的关系并不是很亲近,总感觉老师在学生日常学习生活中要求太多。老师工作性质的繁忙决定了他不可能关注到每一个学生,就不可能让每个学生都体会到老师的关怀。有时候,老师只需利用上网的时间,关注一下班级同学的微博动态,就可以对学生的思想动态完全掌握,进而采取行动。

1.学生喜欢在微博上倾诉

当学生有一些想法,往往都是通过新媒体这个平台展现出来的,因为他们希望自己的困惑会得到一个陌生人的同情,得到陌生人的一些解答。微博这一平台恰好吻合学生们的心理需求。有时候,他们遇到学习、生活上的一些问题,即使是老师能够帮助解决的,他们也往往不会与老师交流,感觉难以启齿。

上中学的小华有一天发了这样一条微博:"这个世界上没人能够理解我,我没有朋友,没有关心,更没有爱!"小华的老师在这条微博中回复:"老师不是你的朋友吗? 老师没有给你爱和关心吗? 看一看周围的世界,阳光色彩斑斓!"小华看了老师的这条回复,激动不已,一是觉得老师平时很严肃,竟然也会用这种方式安慰自己;二是为老师的只言片语而受到启发。随即,小华发了一条新微博:"感谢我的老师,让我看到了阳光的颜色。"

同时,微博上有学生们的朋友,他们乐于利用这个平台去进行社交。

2.学生能够在微博上获得信息

学生希望从老师那里得到最新的、他们关注的一些问题的解答。比如说,初三的学生最关注的一个问题就是中考,有一些老师在微博上发布有关中考的最新信息,关注了这个微博的同学看到了这些信息,及时转发,告知那些还不知道的同学。

学生能够在微博上获取的信息还有很多。某校教师刚刚发布了一条有关学校校车乘坐的微博,可以说,同学们了解这样一个消息,通过这种途径,是非常喜闻乐见的。所以,学生都希望老师的微博活跃一些,发布的消息是学生关注的东西,不管是学校的政策还是班级的动态,哪怕是班级有趣的事情,都是非常受欢迎的。

如果老师能够抓住学生关注微博的这两个特点,再用一些时间和精力关注微博动态,那么可以说,和同学们的一个微博链就已经建立起来了。

当然,老师如果发现了一些比较有意思的微博,比如人生哲理、生活常识之类的,可以及时转发,同时转发给一些学生,转发了之后就等于是给这些学生发了"短信",学生在网上看到了,觉得很有意思也就会及时转发给别的同学。久而久之,老师与学生建立了深厚的友谊,这些学生也就会去关注老师的微博,从而感觉老师并不是那样的不近人情。当学生在微博上发布了一些自己的想法,老师也就会及时看到并及时解答。有时候,当学生遇到一些问题,不想去找老师,在微博里面有自己的老师,便可以给老师发送私信,请老师解答。

微博本身就提倡分享和参与,当老师关注学生微博,或者学生关注老师微博的时候,本身就可以视为一种交流。在此基础上,老师分享并参与学生们的生活,是一个不错的举动。

下面是一个老师的自述:

在我个人的经历中,线下的学生和线上的学生都在以各种方式和我交流,我在交流中读出了我的参与对他们巨大的激励作用。不仅如此,一个人的接触面总是有限的,我所认识的学生很有限,但有很多学生通过关注微博的方式,在互联网上已经有了接触。虽然他认识我,我不认识他,但这并不阻碍我可以对他们施加的影响。微博的互动是充满着平等感觉的,同时很真诚。这个时候和学生交流,可以做到通常意义上说的:找到他心底最柔软的地方,让他一下子感到莫大的帮助。

很多时候,老师卓越的才华、深刻的思想、道德良心以及同情心无法表达——你不能每天上学生那去"吹嘘"自己吧。微博则提供了这样的展示平台,把微博作为自己的窗口,因为学生们看着你呢。自己的所思所想,随时可以顺手发到微博上,让学生真正了解自己,这样有时比面对面的思想工作还要有效果。我们完全可以把微博作为教师形象的一部分进行包装和塑造,用自己最好的一面去面对学生。

老师们,你今天织"围脖"了吗?

QQ 的神奇

QQ 作为国内最为流行、功能最强的即时通信软件,不但可以进行实时或非实时的点对点信息交流,并且还能够利用音频、视频等工具进行一对多、多对一的教学交流。如果教师能够充分利用这一工具,那么与学生的交流将会更方便、更快捷、更有效,做学生的朋友也就不再是什么难事了。

成年人工作离不开 QQ,青少年生活更加离不开 QQ! 现在,多媒体技术应用于教学已经是十分普遍的情形,人们通过网络进行的教学交流也越来越多,网络即时通讯软件 QQ 作为一种实时聊天工具,其教学与教育功能在个别化指导、知识交流与难题解答等方面的应用显得越来越重要。

那么,就应该让 QQ 为师生之间、学生之间、家校之间搭起沟通的平台,让教育从三尺讲台延伸到无形的舞台,让教育从 40 分钟变成不间断的无限时空,让教育从有围墙变成无限的空间,让老师更了解学生,让学生更亲近老师,让沟通变得简单易行。

1.建立并维护 QQ 群

开学的第一天,教师以良好的个人形象展示给学生,同时告诉学生自己的联系电话、QQ 号、本班的 QQ 群,跟学生约好每晚的 7 点 30 分至 8 点 30 分大家可以集体上 QQ,约定同学们在 QQ 群中只能讨论跟学习生活有关、有益身心健康的话题,同学之间有私事可以私聊,班级的 QQ 群不能聊低俗的、消极的话题。

2.QQ 聊天的好处

现在,QQ 不但具有文字聊天的功能,并且还具有语音和视频聊天的功能,交流非常直观形象。这种功能用于教学中,特别适合老师对学生在课后实施的个别化辅导。学生可以根据自身不一样的学习需求,单独向老师请教,获得老师的个性化指导。并且由于网络的虚拟性,老师和学生都可以在非常轻松的气氛中交流,从而让学生不至于像在教室中那样在教师面前感到拘束和紧张。这样学生的思维更活跃、思路更清晰。

具体的聊天方式可以是实时的文字方式、语音方式,甚至是视频方式。假设有一方没有上线,也可以经过离线的留言方式。总而言之,QQ是一种相当好的个别化辅导和教学的工具。

另外,据了解,很多学生偏爱通过网络与老师交流的原因主要是方便和顾虑少。想和老师谈心的时候不用跑到办公室,即便是老师不在线,也可以在网上留言,老师一上线就可以看到他们的心里话。很多平时不好意思说或者不愿意说的,都能够在网上向老师倾诉,使得交流更加随性、自然。

QQ群的建立也能拉近老师与学生之间的距离,如某校高老师说:"刚一开学,我就建立了班级QQ群,原本只是希望让新生们尽快熟悉起来,可没想到越来越多的学生开始通过QQ群和我交流、谈心。"高老师说,QQ群的建立,让她和学生们的距离一下子就拉近了,"他们是真的把我当成朋友了,所以不会对我的劝导有逆反心理。"

3.通过QQ群的聊天功能进行集体讨论答疑

老师创建一个教学QQ群,作为这个群的群主,老师可以邀请所有学生参加到该群中。群里的每一个成员的发言,大家都能互相看到,这非常方便于集体讨论,集体答疑。

由于网上的气氛都比较轻松,因此学生们往往比较活跃。由于不受地域和人数的局限,这特别适合于课外的辅导答疑,并且学生可以用昵称,隐藏真实姓名,可以更充分地发挥学生的主观能动性,学生可以大胆发表富于创造性的意见,让学生有更多展现自己的机会,培养他们的多种技能。并且这种互相讨论的过程中,其他没有发言的同学也可以学到相关的知识。当然,在具体的实施过程中,由于网络的虚拟性,学生隐瞒了真实姓名,老师作为群主,怎么样既轻松又能维持一定的学习气氛也是对教师教学艺术的一种考验。

4.通过班级 QQ 群进行班集体管理

创建一个班级 QQ 群,班主任老师、科任老师、全班学生用真名备注,大家就有了沟通的平台。通过和学生的网上交流,及时地了解班级学生的情况,掌握他们的最新动态,这给老师和学生之间的交流提供了一个很好的平台。在 QQ 群里还能够发公告,班里的事务都需要经过公告的方式发出来,让同学们及时得到消息。学生也可以积极地请教各位科任老师,各科任老师也可以把好的教学资源在群里共享。

在 QQ 群里,班主任老师、科任老师与学生的地位是平等的,由于网络技术创造了一个大家可以任意选择并且共享,又彼此分离的、宽松的社会交往环境,所以可以缓解曾经的面对面交往方式给人带来的心理压力。老师和学生之间的沟通完全出于自主的选择,没有任何逼迫,必要的时候还能够选择老师在明、学生在暗的沟通方式,创设了一个民主融洽的交往气氛,在这样的气氛中渗透着各种道德要求,学生们在接受的时候会更加从容和自然。

当然,学生经常上网也会有不良影响,如果家长没有时间监管孩子的上网行为,很多学生借上 QQ 学习之机,聊些生活的琐事甚至不良的话题,他们喜欢网络游戏、喜欢听音乐、追明星、看时尚、逛网店等。

教师不能阻止新生事物的发展,毕竟凡事都有两面性,随着网络更加广泛普及,随着教师在教学领域对 QQ 的灵活应用以及对其重视和正确引导,QQ 等实时聊天工具在教育教学领域的作用将越来越大。"取其所长,避其所短",教师做学生的朋友将易如反掌。

第九章　心与心的交流

　　现代教育,要求教师不仅教书,更要育人。要育人,必须首先了解学生,而要了解学生的前提是缩短与学生之间的感情距离,与学生心与心的交流,做学生的知心朋友。这就是师生之间的感情沟通,其中教师是主要方面,起主导作用。

挡住心灵交流的墙

任职于某高中一年级的英语教师艾老师至今仍对一件发生在她刚执教时候的事情记忆犹新,每次想起都颇为感慨。

那是艾老师参加工作的第一年,由于对工作还缺乏经验,班上有几个确实很调皮的男生,艾老师在工作伊始便打了退堂鼓,觉得学生工作很难做,平时总是上完课就走,尽量不跟学生打交道。这样一直工作了大半年的时间。

有一天,学校组织了一场野营活动,徒步行进,有2千米的路程。这让艾老师很烦恼,因为做学生的时候曾和朋友们去过一次,但当时就因为太累没能坚持走下来。再加上这次还要和一群难缠的学生在一起.艾老师简直觉得这次野营不但是对自己的考验,甚至该说是一种折磨。但没办法,野营还是要去的,教师不能例外。

在去的路上学生们兴高采烈,有说有笑,偶尔也唱支歌,那几个调皮的男生还争着要帮艾老师背包。到了目的地后,大家又在一块吃饭,拍照,表演节目……渐渐地,艾老师觉得眼前的学生们其实是很可爱的。学生们似乎也挺喜欢艾老师,对她很热情。但在回来的路上大家的脸上都充满了疲惫的神情,学生们有的互相搀扶着,有的互相鼓励,艾老师的两条腿也好像灌了铅似的不听使唤。关键是,半路上大家带的水喝完了,所以很渴。正在这时,大家看见路边有一个自来水管,几个调皮的男生立刻拿着瓶子跑了过去,艾老师以为他们又要捣乱,想叫住他们。没想到他们冲艾老师笑了笑,仍然向水管跑去,不随着其他同学前进。不一会儿,那几个男生气喘吁吁地跟上了班级队伍,见状艾老师正想批评他们一顿,却不料他们几个把满满的几瓶水递到自己的面前,说:"老师,您先喝。"顿时,艾老师怔怔地望着他们不知道说什么好,心里觉得很过意不去,就先让学生们喝,谁知学生你让我我让你,谁也不肯先喝。最后说好了轮流喝,同学们你一口我一口谁也没敢多喝,恐怕再没下一个同学喝的了,就这样全班暂时解决了口渴的问题。

回到学校后,艾老师在所有的同学面前检讨了自己,觉得之前有意跟学生疏远实在不该,以后一定加强同大家的接触。从此,师生间的感情越来越浓厚了。

我们说,师生之间的感情是在不断地接触中建立和发展起来的。师生间只有经常接触、互通信息,才能做到互相了解、建立友情。就像有人说,一个作家,如果不经常深入生活是写不出好作品的;同样,一个教师,如果只知关在办公室里研究教材,不经常跟学生接触,也是不能教好学生的。教师应该学会走出办公室、走出偏见、走出自己的小思想,热情、真诚地去接触学生,努力同他们做朋友,这样才能更加良好地开展教育教学工作。

教师对学生的态度是否热情,同样将在很大程度上影响学生群体对学校教育接下来的态度和决定,也将影响学生积极地同老师平等相处,把老师当作朋友。那些优秀的教师之所以能够在工作中取得成功,就在于他们在任何时候、任何情况下都对自己的学校和学生抱有感染人心的热情。教师的巨大工作热情,使他们对自己的学校以及学生都保持着充分的自信,以至于他们周围的每一个人都不由自主地受到感染,从而相信他们的学生真的是值得肯定的。所以,教师在学校、班级里一定要呈现出一种充满激情的工作状态。本质上讲,这也不能不说是学校得以迅速发展、学生得以全面健康成长的原因。试想一下,如果教师没有创造出这种激情的工作氛围,那么学生又会是一种什么精神状态?

很多教师认为诸如主动向学生问好的事情是有失"师道尊严"的,他们在内心中不自觉地建立起了与学生不平等的关系,以一种居高临下的眼光来看学生。推广至更宽的层面,日常教学中,这样的教师也同样以"严肃"为风格,总是一副不可冒犯的样子。久而久之,教师同学生之间的情感鸿沟越来越大、越来越深,热情这个十分有利于教学的情绪已经被教师们彻底地遗忘了。

要改变这种"冰冷"的状态,教师就必须有意识地调整自身行为。首先,积极调整自己的心态,将自己放在与学生同等的位置,尝试以学生的角度思考一下问题。

其次,调整自己的言行,可以有意识地培养一下自己的幽默感。赞可夫说:好的课堂要有幽默,要有笑声。教师的语言应该风趣些,尽量用孩子的语言去交流,可以创造和谐的气氛;再次,调整对学生的认识,学会欣赏每个学生。每一个学生都不是完美的,要多看学生的优点,及时发现他们的"闪光点",欣赏的眼光会让学生产生亲切感。只有形成融洽的师生关系,才能激起学生的学习热情。如果师生关系不融洽,学生怀着对立的情绪上课,不愿参与到课堂中,上得再好的课也是达不到效果的。最后,调整自己的信念。教师应该学会相信自己的学生,相信他们都是有上进心,想努力学习的。无论学生的起点如何,教师都不应该淡化和放弃对教学的兴趣,而且教师还要通过自己坚持不懈的热情向学生证明学习是多么的有趣,从而激发他们的积极性。

第三,出于种种原因,教师难免会有一些不良的教学行为表现,例如,教学活动安排无序。教师在备课时要多备学生"如何学"的教学方法,在教学过程中也要有序安排让学生主动地学。但有些教师只注重课堂教学内容完成,很少注重学生学习过程中的效果。还有的教师有拖课现象,这是因为在备课时缺少对教学活动有序安排所致。板书安排毫无计划,板书的内容是本课主要知识的框架,是教师所要教的内容的"缩影",也是学生必须要掌握的知识要点。但是有些教师由于比较多地运用多媒体课件,在备课时缺少安排板书的设计。因此,教学的重点就不容易突出,难点就不易突破。教案修改很少推敲,在教学时发现不足之处应及时修改,自己的经验要认真积累,他人的经验要为我所用,这样的教案才真正具有一定的实践价值。但是有些教师很少做到对教案进行修改，甚至几年沿用一本备课笔记。

教师在教学中的不认真表现，会给学生造成非常恶劣的影响。不仅如此，教师在平时的行为处世风格上的不认真，同样也会给学生留下十分消极的印象。在学生心目中，教师应该是个做事严谨、办事认真、讲究实效、一丝不苟的人，是他们值得效仿的榜样。但如果教师总是做事不认真、丢三落四、马马虎虎，甚至光说不做、有始无终，就会失去学生对他的信任。久而久之，学生也会有令不行、有禁不止，并且跟教师越来越疏远。

第四，由于年龄特点，学生爱说爱笑，活泼好动，富于幻想，尝试心迫切，兴趣爱好广泛。教师要适应学生的特点要求，多和学生一起参加活动，培养自己对一些活动的兴趣和爱好，发挥自己的专长，这样才能结识和了解更多的学生，同更多的学生建立友情。

作为教师，绝对不能盲目地压制学生的兴趣，这样很可能会扼杀他们在某一方面的发展，从而影响到整体的学习兴趣，使他们产生逆反心理，甚至会产生抵触情绪，抗拒老师。教师应充分利用课余时间，让学生在学校里尽情尽兴地"施展"他们的兴趣，同时教师自己也要努力适应，并且注意去培养自己在这方面的兴趣去迎合他们。当然，学生人数众多，其兴趣爱好更是广泛，教师不可能变得无所不通，但是，只有教师首先学会了解并尊重学生的兴趣，那么学生就会觉得教师也是跟自己有共同语言的。与学生兴趣相投，融入到他们的世界，这样的话，师生间就可以十分自然地融合在一起了，教师在权威的同时又多了几分亲和，久而久之就成了学生们真正的良师益友。

第五，在学生心目中，教师应该一碗水端平，公正无私。如果学生发现教师只偏爱少数学生，就会对其产生抵触情绪，不但跟教师疏远，还很有可能对几个受偏爱的学生进行孤立。教师要有博大的胸怀，视每个学生为自己的朋友，其中包括那些犯过错误和淘气的学生。

教师大都能够由衷地热爱自己的学生,因为他们深知热爱学生是收到最佳教育效果的前提。然而,学生的水平和素质总是参差不齐的,总有那么一些成绩优秀、天资聪颖、活泼伶俐、办事得体的学生特别招人喜爱。喜爱好学生这是人之常情,但是,如果教师不能站在教育者的高度去控制感情,便容易对某些学生产生过分的宠爱,这就是"偏爱"。

"偏爱"实际上是由于感情上的失控而产生的认识上的偏执。有这种情感的教师往往被一些学生的某些表现所迷惑,认为这些学生犹如洁白无瑕的宝玉,无可挑剔,故充分信任,百般重用,以至于放任自流,忽视了对这部分学生内心世界深层次的发掘和培育。教师的"偏爱"情感无疑会在工作中形成许多弊端。例如:看不到"优秀生"身上的不足和缺点,处理问题发生偏差,进而被大部分学生看做偏心眼,教师的威信降低;对普通学生采取脱离现实的过高要求,伤害他们的自尊心和自信心;给"优秀生"自身的发展带来的恰恰是不良的学习和社会环境,使之趋向虚荣、狂妄,听不进批评,经不起失败和挫折,甚至目中无人、虚荣心膨胀、脱离集体,实质上构成优异学生成才道路上的障碍。

青少年学生处于成长阶段,心理和生理处于发育时期,好的品质和个性正在形成,正是需要通过教育的手段加以培育,使之向好的方向发展的时期,每个学生的身上都存在着各种各样的发展倾向,根本不存在学生是全面好还是坏的问题。正确的方面需要加以表扬使之向更高的层次发展;不好的方面需要及时指出,进行引导而使之纳入正轨。具有偏爱心态的某些教师心目中之所以对优异的学生形成"完美无缺"的总印象,可以说正是因为夸大了这些学生身上局部性的和暂时性的优点。

偏爱不论什么原因所致,在教育上所带来的后果是严重的。一是教师失去了学生的信任,至少失去了一部分学生的信任,威信丧失,学生对教师的离心力日益加大,致使教师很难施教;二是造成班集体的裂痕。学生被教师人为地划分为被信任的和不信任的两部分,被教师厚爱的学生和被教师冷落的学生之间互存戒心或敌意，不易形成团结友爱的集体；三是一部分不被教师信任、关心的学生，可能产生自卑或逆反心理；而被教师偏袒和赏识的学生，又极容易产生优越感，自高自大，脱离同学，个别的甚至养成逢迎教师、看教师脸色行事等不良习气，所以必须防止偏爱。

没有爱就没有心灵的交流

有一位家长第一次参加家长会,幼儿园的教师很生气地说:"你的儿子有多动症,在板凳上连3分钟都坐不了,你最好带他去医院看一看。"回家的路上,儿子问她老师都说了些什么,她鼻子一酸,差点流下泪来。因为全班30位小朋友,唯有自己的孩子表现最差,唯有对自己的孩子,老师表现出不屑。然而,这位母亲还是告诉她的儿子说:"老师表扬你了,说宝宝原来在板凳上坐不了1分钟,现在能坐3分钟了。其他人的妈妈都非常羡慕妈妈,因为全班只有宝宝进步了。"那天晚上,她儿子破天荒吃了两碗米饭,并且没让她喂。

儿子上小学了。又一次家长会上,班主任老师很无奈地说:"全班50名同学,这次数学考试,只有你儿子不及格,别人都往前走就他不动。真是怀疑他智力上是否有些障碍,您最好能带他去医院查一查。"回去的路上,她再一次流下了泪。然而,当她回到家里,面对坐在桌前的儿子时,望着他询问的眼神却说:"老师对你充满信心。他说了,你并不是个笨孩子,只要能细心些,会超过你的同桌。"说这话时,她发现,儿子黯淡的眼神一下子充满了光,沮丧的脸一下子舒展开来。她甚至发现,儿子温顺得让她吃惊,好像长大了许多。第二天上学时,去得比平时都要早。

儿子上了初中,再一次家长会。她坐在儿子的座位上,等着老师点她儿子的名字,因为每次家长会,她儿子的名字总是在成绩不好的行列中被点到。然而,这次却出乎她的预料,直到结束,她都没有听到老师口里有儿子的名字。她甚至有些不习惯。临别,这位母亲去问老师,老师告诉她:"按你儿子现在的成绩,考重点高中有点危险。"她怀着惊喜的心情走出校门,此时她发现儿子在等她。路上她扶着儿子的肩,心里有一种说不出的甜蜜,她告诉儿子:"班主任对你非常满意,他说了,只要你努力，很有希望考上重点高中。"

高中毕业了。第一批大学录取通知书下达时，学校打电话让她儿子到学校去一趟。她有一种预感，她儿子被清华录取了，因为在报考时，她对儿子说过，她相信他能考取这所学校。他儿子从学校回来，把一封印有清华大学招生办公室的特快专递交到她的手中，突然转身跑到自己的房间里大哭起来。儿子在房间里边哭边说："妈妈，我知道我不是个聪明的孩子，可是，这个世界上只有你能欣赏我……"

这是一个感人的事例，那位母亲对儿子一直鼓励、一直希望、一直不放弃，无疑全都是因为她对儿子的爱。作为教师，当以这位母亲为榜样，视学生为自己的孩子一般，学会欣赏他们每一个人。

"教育不能没有爱，没有爱就没有教育，没有爱也就没有心灵的沟通与交流"，爱是教育的灵魂，也是朋友之间沟通交流的灵魂。只有热爱学生，才能正确对待、宽容学生所犯的错误，才能耐心地去雕塑每一位学生。作为教师，尤其是班主任，对那些成绩差的学生不但不能放弃、嘲讽，还应该紧紧地拉住他们、帮助他们。例如，一位老教师经常在放学后将那些成绩不好的同学请到办公室对他们进行认真的辅导，并且他总是让这些学生帮助他板书，并在其他老师面前表扬他们。慢慢地，让人惊喜的事情发生了：这些学生竟开始主动问老师问题了，迟到的现象少了，上课不再懒洋洋了，成绩也有了一定的提高。这些学生的一点一滴的进步，无不倾注了那位教师的辛劳和爱。

学生与教师之所以发生矛盾冲突，大都起源于认识的偏颇、精神的迷茫、思想的浮躁，而这些都是班级文化层面的因素。班级是一个磁场，良好的班级文化就是内在的强大吸引力、凝聚力，趋使人的思想、

行为、性格、心理等各个方面都主动地、自发地向真、善、美的方向发展。教师个人的魅力终归是有限的,强大的班级力量、积极的群体效应、健全的制度规范,都是班主任最有力的教育手段。如果教师把班级管理简单地理解为人对人的管理、人对人的教育,那么就很容易把师生关系摆到了对立的位置。

一个充满爱的集体,可以减轻教师的工作压力,也可以为班集体建设带来更多新鲜的思路,还可以锻炼一批具有管理才能和创新能力的综合型人才。在这样的班级当中,学生们可以尽情展现个人风采,从而使他们在心里形成班级归属感,具有一种荣誉感和责任感。

班级中每一个个体的发展都是集体发展的不竭动力。当一个学生融入班集体之后,如果不能够及时找到自己的发展方向,很容易陷入一种放任自流、缺乏动力的疲软状态。因此他们需要班级这个有力的情感磁场,更需要教师这个精神力量的领袖,引导学生找到自己的发展方向。但这所有一切的前提,是教师必须充满热情和真诚地爱着这个班级,爱班级里每一个成员,同时他又必须是一个公平、公正、受人信赖和肯定的人,否则就无法具有强大的个人魅力去凝聚那种班级磁场。

要想真正做到和学生心与心的交流,首先教师要真正的爱每一位学生,因为师爱可以引导学生产生巨大的内动力,去自觉地、主动地沿着老师指出的方向迈出。只有当班主任给学生以真挚的爱,给学生以亲近感、信任感、期望感,学生才会对老师产生依恋仰慕的心理,才能向教师敞开内心世界,只有这样教师才能"对症下药",收到应有的效果。

而这种爱并不是盲目的,也许每个教师都会不自觉的偏爱个别的学生,这也就是学生常说的"偏向"。这就是我们平时应该注意的,不仅要爱我们的优秀的学生,更要给我们的成绩差的学生更多的爱,因为随着我们班主任的教育以及周围环境的影响,他们也会有很大的发展,每个人都有自己的用武之地,也会成为社会的有用之才。

爱更要给那些特殊的孩子,很多单亲家庭的学生性格有更多的缺陷,作为教育者我们应更多地去了解,去关爱这些最需要了解、关心的学生。在尽量不伤害学生自尊的基础上,根据学生的不同情况做好工作,使学生真正摆脱内心的阴影,重新找回自我,从而使他们朝着健康的方向发展。

真诚、尊重的心更为重要

根据学校安排,罗旭老师接任了初三(4)班的班主任工作。在这个班上,有几个学习成绩比较好但比较调皮的学生,经常在班上搞一些小动作,起了一些不好的作用,任课老师们对此很头痛,师生关系不是很融洽。开学后三个星期,学校对初三学生进行了一个关于对任课教师满意度的调查。三天后,教导处主任找到罗老师,将调查情况对他进行了反馈(这次调查结果对任课老师是保密的)。原来,罗老师班的同学除去对罗老师这个班主任较为满意外,对其他任课老师满意度普遍不高。当时罗老师感到很气愤也很失望,觉得这些学生太"没良心"了,不能理解作为老师的良苦用心,非常想将他们训斥一番。但,慢慢冷静下来,细细考虑,罗老师又觉得自己这样做不妥。毕竟学生这样做并没有错,他们只是在行使他们的权利,他们有权利对自己的老师作出自己的评价。学生给出的评价也是他们对教师看法的真实反映,对于学生们的评价,作为老师首先应该学会尊重,然后坦然接受。如果现在自己这个班主任再因为学生对老师的评价将他们"臭骂"--顿,那么结果只会火上浇油,进一步激化矛盾,并且让学生感到学校出卖了他们,将调查结果透露给任课老师,同时也会使他们对学校失去信任。

于是罗老师经过再三考虑,认为应该给老师和同学创造一个交流的机会,增进相互了解,在彼此尊重的基础上化解矛盾。

交流是互动的,不是一方完成的,情感交流更是双方在日常的教学、生活中不断加深巩固的。有的教师往往只重视与学生在课堂上的交流,却忽视了与学生在日常生活中的情感交流,而教师对学生的影响更多是在日常的交往中进行的。

1.在与学生的交往中应采取积极主动的态度

首先应主动了解学生各方面的情况,如学生的思想状况、知识基础、学习态度、健康状况、兴趣爱好、特长性格甚至家庭情况等。第二主动为学生提出计划。由于小学生的年龄很小,他们不能为自己的阶段学习提出明确的计划,要靠教师为他们指出方向。无论是优等生还是后进生,都需要教师为他进行及时的总结,你要为他们指出好在哪里,要继续发扬,还有哪里做得不够,针对每一个学生的特点,主动为他们提出下一步的计划。第三要在日常生活中主动接近学生,主动和学生打招呼,叫他们的名字,参加学生的各种活动。

教师与学生是教育者与被教育者,但师生关系更是一种民主平等的关系。教师若始终以"教育者"自居,在学生面前摆出一副高人一等的架势,学生必然会敬而远之。教师随和、平易近人,像朋友一样与学生谈心,交换自己的看法,说出自己的兴趣等,学生会把你当作知心朋友,并愿意服从。但是教师也应注意,和学生不能"亲密"得没有分寸,这样教师可能会丧失在学生面前的威信。

2.教师要言而有信

教师对学生说过的话自己要负责任,对学生作出的承诺,不管是"奖励"还是"惩罚",都要兑现。比如对作业没有完成的同学,若是做出了"惩罚",却没有兑现,那么可能第二天没有完成的人会更多。另外一定要保守学生告诉你的"秘密",因为学生是尊重你或是把你当作他的朋友才会把知道的事情告诉你,若被教师泄露了,那么会严重地伤害学生的自尊,增加对社会的不信任感。对教师来说,这样做将会降低自己在学生心目中的威信,失去朋友对你的信任。这也是我们日常人际交流中的一条基本原则。

3.对学生的态度应和蔼可亲,对犯错误的学生要有一颗"宽容"心

在学校中有一些并不缺少与学生交往能力的教师,但这些教师平时表情严肃,不苟言笑,对学生态度严厉,语气生硬,使学生望而生畏,导致师生的距离疏远,关系冷淡、紧张。所以对学生的态度要和蔼可亲,说话语气要亲切。放松你面部的肌肉,笑一笑吧!让学生感到你是喜欢他的,是真心要帮助他的,从而消除学生对教师的惧怕感。

宽容是一种美德,是教师良好修养的体现。对犯了错误的学生要有一颗"宽容"心,不要动不动就惩罚学生,甚至对学生有失礼的行为,这样容易造成学生的逆反心理。对他们应以教育为主,晓之以理,动之以情。我们要记住:学生的任何过错,不是无意的就是有原因的,从来没有无缘无故的"捣乱"。

师生之间的平等、尊重,意味着学生对教师怀有一种好感。大到国与国,小到人与人,都有自己的尊严和不可侵犯的"领地"。所以,教师不能随意伤害学生的自尊和侮辱学生的人格。有这样一个事例:某班有个男同学因犯了点小错,被另一个教师叫到办公室,在没有了解事情原委的情况下就是一顿训。可是,这位同学无论如何,也不接受这位教师的批评,还跟老师争吵起来。而此时,另外一个教师却用充满感情的话语对这位学生说了一番话后,这位学生不但认识到了自己的错误,还感动得流下了眼泪。教师和学生的人格是平等的,否则,师生之间的距离会越来越大。其实,学生深深地懂得:今天伤害的是他(或她),或许明天就该是我了。因为,人非圣贤,谁能无过。另外,教师对学生的意见、观点、主张以及情感等诸多方面一定要尊重。学生在学习的过程中肯定有情感的泄露,有时取得成绩时会激动,甚至会发出"呀"的声音,教师一定要从爱护学生的角度出发,进行合理的引导。弄不好会大大挫伤学生学习

的热情。

但是，要特别强调一点，教师在某种程度上要"高于"学生。这里的"高于"指的是，教师在学生心目中，是受学生深深爱戴的，是一个博学多才的、全身心奉献的人，是自己学习和做人的师长和榜样。

教师对学生的爱，不仅意味着自我牺牲，父母般的爱，还表现为毫无保留的贡献出自己的精力、才能和知识。透过这种爱，教师可以感受到学生各方面的成长，而透过学生的成长又能看到自己所倾注的心血的结晶，从而大大地激励了教师投入教学的信心和热情。

综上所述，"教"和"学"不仅是教师与学生的交流，更是心与心的碰撞。

第十章　师生朋友关系的维护

苏联著名教育家马卡连柯曾说过："如果五个能力较弱的教师团结在一个集体里,受一种思想,一种原则,一种作风的鼓舞,能齐心一致地工作的话,那就比十个各随己愿地单独行动的优良教师要好得多。"以暴制暴的教育方式已经不再适合当代,而体罚学生也将成为过去式,如何学会用真心关爱学生,维护与学生的这种朋友关系,才是当下教师们最应懂得的问题!

教学中维护朋友关系

赵峰是三年级四班的班主任，或许是由于年龄关系，或许是由于个性关系，他有一个讨人喜欢的长处，就是没有架子，喜欢跟学生玩在一起。就是这"喜欢玩"，不知不觉让他跟学生对上口了。人们说赵峰就是一个大男孩，的确，已经为人师表的他还十分喜欢收集变形金刚的玩具。不只是这个方面，虽然赵峰是英语老师，但因为他从小就有钢琴功底，一直都喜欢音乐，所以有时还常给学生们客串音乐老师的角色。遇到元旦等办晚会的节日，他还发挥特长，组织一场场别开生面的英语音乐表演。既和学生打成了一片，又培养和锻炼了学生对英语的学习兴趣。

虽然是个爱玩儿的老师，但赵峰在教学上也是很有办法的。对于现在的学生不太喜欢做作业的问题，赵峰的办法很简单：学生可以不做作业，但要提出申请，如果通过老师的检测，就可以不用做作业。规矩一宣布，学生都以为老师开玩笑。过了几天，一个女生因为实在不想抄单词，就第一个提出了让老师测验的要求。结果，在课后的听写中，这个女生全部都写对了，而赵峰很痛快地免了她的作业。"把自主权交给学生，判断权由老师掌控，学生就不会有怨言了。"赵峰如是说。

再比如，对待学生课堂上聊天又该怎么办？赵峰还是有绝招：上课前定规矩，课堂上说悄悄话可以，一定要用英语聊，老师不干涉，否则就乖乖听课。对于此种手段，赵峰说："这比单纯禁止他们课堂上私下聊天效果好，我给了他们选择的权利，但我有条件，学生心理上容易接受。"

良好的师生关系是提高教育教学质量的基础，改进教学方法，讲求教学艺术，提高教学质量，又是建立和维持良好师生关系的重要条件。

学生在学校的主要目的就是要通过学习掌握知识，提高技能。倘若教不得法，学生听不懂，学不会，知识、技能差，成绩低下，不仅教师不满意,家长也难接受。学生两面受压,精神负担大,就会严重地挫伤他们的自尊心,打击了他们学习的兴趣,使他们产生厌学情绪,对教师教育教学产生抵触,从而恶化了师生关系。为此,我们应扎扎实实地做好教学工作,加强教学基本功训练,改进教法,讲求教学艺术,提高学生学习成绩。教师应该让学生对学习产生兴趣,形成一种"向心力"将学生吸引住,才能建立和维持良好的师生关系。

一节课、一上午甚至一整天的课连续下来,不只是学生,老师有时也会觉得倦怠,无法投入到最佳状态中。这个时候,学生们可能就会出现开小差的、偷偷讲话、做其他事情,甚至趴在桌子上打瞌睡等情况。如果教师因此而不高兴,严肃地批评或者狠狠训斥学生,即使暂时把课堂秩序维持了,也不能从根本上解决"人心涣散"的问题,相反,还会很容易引起师生冲突,破坏本该良好的师生关系。

维护课堂秩序需要学生们从心里服从、遵守,要达到这个层面就必须利用各种课堂手段来调节课堂气氛,使学生的注意力始终围绕在教师身上,思想始终跟着教师的指引前进,那么,他们也就无心再做其他的事情了。课堂调节手段,一般可以有以下几方面:

语气调节。语气调节是指教师在教学过程中变换语调,把声音强弱、节奏快慢和情感抑扬的声、色、情三者融为一体,运用到语气上,使学生嗅出"言为心声"之意。这一点在语文课上的表现尤为明显。教学能力优秀的教师,通常不只在朗读课文,即使对课文进行分析、讲解的时候,也是充满感情、抑扬顿挫,总是能将学生吸入到他所创造的情境磁场中,让人身临其境。

提问调节。提问调节是用提问法调节课堂纪律,吊起学生胃口。当然,提问不能代替讲授,教师只是在教学需要或在调整课堂纪律局部混乱的情况下,提出本节课已讲授过的问题,以此来调节一下课堂纪律的不佳状况,并巩固重点知识。

停顿调节。停顿调节是教师因发现课堂上学生违纪现象,突然停止讲课数秒。这一举动无疑使学生感到诧异,学生只好在默默无语中等待。教师通过这片刻的停顿,来造成特殊的静态环境,促使违纪学生在静中感到一种压力,即刻醒悟,停止违纪的动态行为。

暂停调节。暂停调节不同于停顿调节,它是指教师将知识讲解暂时放置一边,来做一些无关于课本但有助于学生提起精神的事情。例如,下午第一节课,学生们昏昏欲睡,而这节课又恰好比较枯燥,学生的兴趣渐渐减退了。这时教师提高声调,用热情的语气说:"我们来调节一下气氛,请回答不出我下面这个问题的同学给大家表演一个节目吧!"那么自然地,学生一下子就被"激醒"了。

为了创造师生之间心灵交往的和谐境界,教师在课堂上除了使用准确、生动并感情丰富的教学语言外,为了不中断课堂教学,还往往采用体态语言来强调情感的交流。目光交流在课堂上起着重要作用,学生能从教师赞许的目光中得到鼓励,从凝视的目光中尽快集中自己的注意力,这比中断课堂教学训斥几句,甚至采取极端措施收到的效果显然会好得多。教师通过目光,把自己想要表达的愿望、态度、思想感情和言语迅速地传递给学生,使学生触目知心、知理、知错,从而作出动心、动情、动行的反应。微笑是活跃课堂气氛的润滑剂,教师亲切和蔼的笑容,能引起学生良好的情绪感觉,从而激发起积极的学习态度。

按照传统观念,老师就是老师,就应该有个老师的样子:严肃、庄重、不苟言笑,强调要求老师的个性特点和个性倾向与学生的距离。我们说这样固然会有一定的"师道尊严",但却不利于学生与教师的亲近。教师与学生间正确的个性距离应该是与学生的个性既要相补又要相似,相似与相补相结合。一般说来,个性倾向和个性特点是建立亲密的人际关系的前提和条件。因此,教师不应该刻意回避自己与学生个性中的共同之处。

不过,若个性过于一致的话,又会有失教师的特点,而完全像学生一样,起不到教师的指导和教育作用。所以教师的个性倾向和个性特点与学生的既要有些相近,又要有些距离和不同,以形成互补。老师有时可以重返天真,和学生打打球、散散步或穿时髦一点的衣服等。另一方面又显得思想丰富,学识渊博。老师思想丰富、深刻以补学生的幼稚;学生的天真热情以补老师的严谨、刻板。这样学生会觉得自己的老师既可亲近又值得敬佩。

课堂人际关系的形成主要是在课堂,学生就是在课堂上认识老师的。课堂教学形式和效果直接影响到课堂人际关系的形成,因此教师在课堂教学中应采取灵活多样的教学形式,多一些双向活动,少一些单向的知识灌输。

在课堂活跃双向沟通的情况下,师生都会感到心情舒畅,畅所欲言,学生会感到自己与老师平等。平等的感觉是亲密、良好的人际关系形成的基础,而满堂灌、单一的教学形式,生硬的教学方法,会使学生感到压抑,心情不舒畅,学习成了被动的接受,而不是积极的探取,使学生和教师总是隔了一层,那么课堂人际关系就成了一种应付的关系,靠外在的力量来约束和调节,缺乏内在的基础。

具体地,教师可以在课堂教学中采用以下几种方法。例如,利用多媒体的动画和声音效果,再现情境。多媒体教学的好处就是更直观、更生动。尤其在语文课上,课文中优美或感人的故事情节、人物形象,在网络的帮助下,配以声光做出生动的课件,再现情境,可以使学生更深刻地体会文意,兴趣也会高涨。学生在领会了这一堂课中的基本知识和重要知识点的时候,教师可以放手让学生自主提高和突破。设定一个范围和题目,由学生们分为几组集中讨论,然后每组派代表上台给其他同学讲解,最后各组之间再相互比较,让大家取长补短。这样亲身体验过的知识点,在学生的记忆当中是十分深刻的。

总之,教学形式可以是多种多样的,教师需要在平时的教学中细心积累、认真研究,找出学生的兴趣点所在,从而使课堂活跃起来,达到师生完美的互动。

语言交流胜于一切

一个周末的晚上，某高中高二(6)班的班主任张老师在网上聊天，发现上面有一个名为"圣斗士"的聊天者正在网上寻友。张老师一下子提起了精神，马上加入了同那位聊天者的聊天，想证实一下心中的疑问。原来，张老师班上有个叫王东的男孩子，很好动，有些小调皮。一天张老师走进教室，听见王东正在讲台前手舞足蹈，说："看我的吧，奥特曼能跟咱圣斗士比吗？哈哈……"张老师当时只觉得好笑，随口说了一句："王东你别无聊了，圣什么斗士啊，几岁了你都！"说完，整理讲义准备上课。可是后来王老师发现，王东开始不爱搭理自己，上课也不积极了。张老师才觉得似乎自己的话说过头了，但又找不到机会解释，师生俩就这么一直僵持着。

值得庆幸的是，在网上碰到的这个"圣斗士"，从他的自我介绍看，果然就是王东。于是张老师细心地隐藏起自己的真实身份，以同龄人的姿态与其聊了起来。交谈十分愉快并且逐渐深入，最后，他们谈到了学校和老师。王东讲述了那次张老师当众说自己无聊的事情，表示出了对其强烈的不满。这时，张老师继续以同龄人的口吻对王东说："是啊，你们老师这样说其实是挺伤人自尊心的，要是我也不高兴。"接着话锋一转："不过，或许他是无心的呢？你想想，他事后有没有对你表示道歉或者有道歉的意思呢？"王东仔细回想了一下，发现有好几次张老师都想叫住他谈谈，但是他没有搭理。

有了网上聊天的基础，第二天张老师又去找王东，希望可以跟他谈谈。而王东也因为聊天而觉得该给老师解释的机会。最后，师生两个开诚布公，彼此谅解了，关系又恢复了和谐。不仅如此，以后的时间里，王东有什么烦心事，都喜欢在网络上和张老师倾诉，让老师帮他出出主意。

良好的师生关系是在交往中形成与维持的，不深入到学生中间，不经常与学生交往就无法产生师生间亲密的情感。教师加强同学生的交往，既要有教育教学活动中的课堂交往，又要有在此之外的课下交往，两者结合，互相补充，可以起到加速、深化师生关系的作用。尤其是在课下的交往，不具有强制性，是师生在思想、情感和志趣一致情况下的自然联系。所以正常、健康、高尚的私人交往有利于师生感情的沟通和相互了解，能起到正式交往中所起不到的独特作用。教师在下课时不必急匆匆地离开教室，学生会因为你愿意留下来陪他们谈话而拉近了你们之间的距离。同时，教师也能通过交流，发现教学中存在的不足之处，根据学生的需要作合理的改进。

换位思考与一视同仁

　　某校高一学生小芳从小父母双亡，作为孤儿的她长期与严厉苛刻的姨妈在一起生活。由于得不到温暖和呵护，小芳曾一度产生过轻生的念头。与小芳同校的高二同学利伟，是小芳姨妈家的邻居，出于同情，利伟经常主动在经济上帮助、生活上关心她，使小芳非常感动。两人一起上学放学，一起讨论功课，如同兄妹一样。然而时间一长，青春期情窦初开的两个人开始对彼此萌发了爱意，谈起了恋爱，而双方的学习成绩也直线下降了。

　　小芳的班主任得知小芳谈恋爱后，非常气愤，将小芳狠狠批评了一顿，并让小芳检讨。结果事与愿违，小芳不但继续和利伟谈恋爱，而且和班主任处于严重的对立状态。班主任无奈，将此事报告了政教处，要求学校处分小芳。政教处主任了解情况后，和小芳进行了恳谈："如果我处在你这样的环境之中，也可能出现与你相似的情况。但是，你是一名重点中学的学生，而且本来成绩不错，很有希望考取大学的。现在因为恋爱而耽误了未来是不是很可惜呢？或许你可以换一个方式，与利伟同学约定：暂时收敛起感情，以学习来相互激励，等到两人都考取大学或工作后，再来考虑你们之间的关系。"小芳听后十分感动，说："您是站在我的角度上来体谅我的处境、我的心情，我一定听您的话，集中精力搞好学习，把落下的课补好，把学习成绩赶上来。"

　　利伟的班主任是位经验丰富的老教师，他对利伟同学说："你主动帮助生活上有困难的同学是件好事，应该表扬。你和小芳在交往中产生爱的火花，也是正常的，老师非常理解。但是，你现在是重点高中的学生，主要任务是学习。如果因为谈恋爱不能实现考重点大学的理想，这是得不偿失的。希望你正确处理和小芳的关系，把学习搞好。老师和同学们都期待着你的进步！"

小芳和利伟在老师与同学们的帮助下，经过一番思考和决定，正确处理了两人的关系，刻苦学习，进步很快，成绩又恢复到原来的名次。

在教育教学中，教师遇到问题时首先应处在学生的位置思考一下，把自己的心态放到学生的生活中去体验他们的感受，这就是人们常说的"换位"。这种换位的思考方式能很快架起师生互相理解的桥梁，帮助教师找到教育教学的障碍、沟通交流的正确方式，从而对症下药，解决问题。

苏霍姆林斯基讲过这样一个故事：他小时候住在一间杂货铺附近，每天都能看到大人们把某种东西交给杂货店老板，然后换回自己需要的物品。有一天，他想出了一个坏主意：他将一把石子递给老板换糖。杂货店老板迟疑片刻后，就收下了石子，然后把糖换给了他。苏霍姆林斯基说："这个老人的善良和对儿童的理解，影响了我的终生。"虽然这位杂货店老板不是教育家，但他拥有教育家的智慧：他没有用成人的逻辑去分析孩子的行为，而是从孩子的角度用宽容维护了一个孩子的尊严。教师对学生也应该如此，理解和尊重是一切关系的基础。

每个教师都强调自己是爱学生的，但是，教师对学生的爱，应该是一种博大无私的爱，应该一视同仁，而绝不是偏爱。

偏爱是教师常见的一种"职业病"，教师容易对那些表现突出、成绩优异的学生"亲之信之"，有时遇事会自觉或不自觉地失之公允。在处理学生之间的矛盾时甚至会有偏袒，而其结果只能是激化矛盾，使教师被动地站到与一部分学生对立的层面上，不能冷静、客观地分析和解决问题，失去了"旁观者清"的令人信服的裁决权。学校思想教育工作的实践证明了以下两点：愈是成绩差的学生，就愈需要得到教师的爱护和帮助；教师愈是偏爱谁，结果多半却是害了谁。被偏爱的学生容易滋生盲目的优越感,会不自觉地筑起与周围同学感情上的藩篱,造成自身的孤立;其他的学生又会认为自己受到了教师的冷落,会嫉妒"受宠"的同学,进而怨恨教师,师生间的心理障碍由此形成。本来,人,特别是青年学生,生活在一个集体里,都有一种自我表现的愿望,只要引导得法,可使之焕发出一种强烈的进取精神。例如,教师偏爱甲某,就难免忽视乃至压抑了乙某的积极性,乙某就会滋生莫名的孤独感,失去在集体生活中的安全感和温暖感,由于逆反心理的作用,可能会凝聚成对集体的反感,于是产生了同学间和师生间的心理抗衡。这种抗衡,显然有害学生的身心健康和个性发展,不利于思想教育工作。

"爱"是心理障碍的溶解剂。"春风化雨点滴入土",教师要从爱护的观点出发,对自己的学生一视同仁,同等对待,成为学生的良师益友,做好教书育人的工作。